Heinrich Comes / Der rechtsfreie Raum

Schriften zur Rechtstheorie

Heft 54

Der rechtsfreie Raum

Zur Frage der normativen Grenzen des Rechts

Von

Dr. Heinrich Comes

DUNCKER & HUMBLOT / BERLIN

CIP-Kurztitelaufnahme der Deutschen Bibliothek

Comes, Heinrich

Der rechtsfreie Raum: zur Frage d. normativen Grenzen d. Rechts. — 1. Aufl. — Berlin: Duncker und Humblot, 1976.

(Schriften zur Rechtstheorie; H. 54)
ISBN 3-428-03754-5

Gedruckt 1976 bei Buchdruckerei Richard Schröter, Berlin 61
Printed in Germany

ISBN 3 428 03754 5

Meinen Eltern

Inhaltsverzeichnis

Abkürzungsverzeichnis

ABR	Archiv für Bürgerliches Recht
AcP	Archiv für die civilistische Praxis
APD	Archives de Philosophie du Droit
ARSP	Archiv für Rechts- und Sozialphilosophie
BB	Der Betriebsberater
BGBl	Bundesgesetzblatt
BGHSt	Entscheidungen des Bundesgerichtshofes in Strafsachen
BGHZ	Entscheidungen des Bundesgerichtshofes in Zivilsachen
BVerfGE	Entscheidungen des Bundesverfassungsgerichts
BVerwGE	Entscheidungen des Bundesverwaltungsgerichts
BT-Drucks.	Bundestags-Drucksache
Chap.	Chapter bzw. Chapitre
DB	Der Betrieb
Diss.	Dissertation
DöV	Die öffentliche Verwaltung
DuR	Demokratie und Recht
FamRZ	Zeitschrift für das gesamte Familienrecht
FAZ	Frankfurter Allgemeine Zeitung
FN bzw. Fn.	Fußnote
HRR	Höchstrichterliche Rechtsprechung
JherJb.	Jherings Jahrbücher für Dogmatik des bürgerlichen Rechts
JöR	Jahrbuch für öffentliches Recht
JuS	Juristische Schulung
JW	Juristische Wochenschrift
JZ	Juristenzeitung
KJ	Kritische Justiz
Lect.	Lecture
LK	Leipziger Kommentar
MDR	Monatsschrift für Deutsches Recht
MoKrim	Monatsschrift für Kriminologie und Strafrechtsreform
NF	Neue Folge
NJW	Neue Juristische Wochenschrift
NS	Nouvelle Série
OGHSt	Entscheidungen des Obersten Gerichtshofs für die britische Zone in Strafsachen
OLGE	Entscheidungen der Oberlandesgerichte in Zivilsachen
OVG Münster E	Entscheidungen des Oberverwaltungsgerichts Münster

ÖZöR bzw. ÖZföR	Österreichische Zeitschrift für öffentliches Recht
Recht	Das Recht
RGSt	Entscheidungen des Reichsgerichts in Strafsachen
RGZ	Entscheidungen des Reichsgerichts in Zivilsachen
SeuffA	Seufferts Archiv
SJZ	Süddeutsche Juristenzeitung
WarnRspr.	Warneyer, Die Rechtsprechung des Reichsgerichts
ZStrW	Zeitschrift für die gesamte Strafrechtswissenschaft
ZStW	Zeitschrift für die gesamte Staatswissenschaft
ZZP	Zeitschrift für Zivilprozeß

Im übrigen wird auf Hildebert Kirchner, Abkürzungsverzeichnis der Rechtssprache, 2. Aufl., Berlin 1968, verwiesen.

Einführung

Angesichts einer Entwicklung, die ein immer dichteres Raster rechtlicher Ordnungen über das Leben des einzelnen Menschen legt, dessen Verhaltensweisen, Verhaltensmöglichkeiten mehr und mehr einbindet in vorgezeichnete Muster, stellt sich mit wachsender Dringlichkeit die Frage nach den Grenzen.

Ist das Individuum vollständig erfaßbar, mit Haut und Haaren den gesellschaftlichen Anforderungen und Beurteilungen ausgesetzt, kann und darf es in allen Lebensmomenten, in gleich welchem Verhalten, in seiner Ganzheit heteronomen Regeln, eventuell Zwängen unterworfen werden? Oder gibt es menschliche Felder, Lebensbereiche, Verhaltensweisen, Situationen, die der Machtergreifung durch das Recht und damit durch die Gesellschaft nicht offenstehen: rechtsfreie Räume?

Daß schon die bloße Koexistenz heute eine planende, regelnde und sich verwirklichende Ordnung braucht, läßt sich kaum bestreiten. Daß der einzelne ein Bedürfnis nach Luft, nach Bewegungsraum, nach Lücken im ordnenden Raster hat, ist eine ebensowenig übersehbare tägliche Erfahrung.

Stehen nun Ordnung und individuelle Freiheit einander ohne Hoffnung auf einen gemeinsamen Nenner gegenüber? „Le silence, l'ordre et l'absolue justice“ auf der einen Seite, auf der anderen die Auflehnung des Individuums: „Ma vie est à moi. C'est du privé, et qui ne regarde personne.“ In den — skeptischen oder realistischen? — Worten des Schlußchors aus Camus' Belagerungszustand: „Non, il n'y a pas de justice, mais il y a des limites. Et ceux-là qui prétendent ne rien régler, comme les autres qui entendaient donner une règle à tout, dépassent également les limites[1].“ Grenzen also, aber keine Vermittlung?

Doch die Klarheit und Eindringlichkeit, mit der Camus die Antinomie trifft, verdeckt eine andere, weniger spektakuläre Seite des Problems. Das Verhältnis von Freiheit und Ordnung, von Freiheit und Recht erschöpft sich nicht in der Antinomie.

Die Freiheit selbst setzt nämlich — jedenfalls in einer komplexen Gesellschaft — schon immer Ordnung voraus. Erfahrungsgemäß be-

---

[1] Albert Camus, l'état de siège, nrf (Gallimard) 36e édition, Paris 1948: 1. Die Pest, Ende des 1. Teils, S. 95; 2. Der Fischer zu Beginn des 2. Teils, S. 104; 3. Der Chor, Ende des 3. Teils, S. 232.

deutet das Fehlen einer sichernden Ordnung nicht selten, daß der (unter welchen Machtstrukturen auch immer) Stärkere sich durchsetzt, hat unter Umständen gar ein sozialdarwinistisches „Recht des Stärkeren" zur Folge. Das aber kann nicht Sinn der Freiheit sein, daß sie sich auf Kosten der Lebensbedingungen und Freiheiten der Schwächeren entfaltet.

Die Entdeckung des Anderen als ein mir „unverfügbares"[2], selbständiges Bewußtseins-, Verhaltens- und Entscheidungszentrum, als „liberté posée en face de moi"[3] bringt dessen Gleichwertigkeit als Anforderung, als Anspruch, als Recht mit sich. Die Postulate meiner Freiheit und der Freiheit der Anderen, welche sich einerseits gegenseitig bedingen[4] und fördern, welche sich aber auch entgegenstehen können, sind miteinander zu vermitteln, d. h. aber auch gegeneinander abzuwägen, abzugrenzen und abzusichern. Das ist nicht zuletzt Aufgabe der Rechtsordnung. Dahinter muß dann gegebenenfalls das Individuum mit seinem Freiheitsanspruch zurücktreten.

Die Grenzen der Freiheit der Einen sind also Bedingung der Freiheit der Vielen. Ohne sie gäbe es für die meisten zwar noch eine Reihe begrifflicher Freiheiten: die Freiheit der Armen, unter der Brücke zu schlafen, die Freiheit, den legendären Aufstieg vom Tellerwäscher zum Millionär zu nehmen, die Freiheit des Schwächeren, dem Stärkeren aus dem Weg zu gehen usw. Der Wirklichkeit bliebe aber von der Freiheit nur noch der schwache Schimmer einer Möglichkeit.

Umgekehrt ist aber auch die Freiheit Grundlage jeder menschlichen — im Sinne einer menschenwürdigen — Ordnung. Abgesehen davon, daß es selbst der substilsten totalitären Ordnung gar nicht möglich ist, den ganzen Menschen bis in die letzten Verzweigungen und Verästelungen seines Seins zu erfassen, abgesehen davon, daß eine die fundamentalen Freiheiten mißachtende Ordnung auf Dauer kaum mehr Bestand haben dürfte, weil sie sich ihre Feinde notwendigerweise selbst heranzieht, würde ein solcher Ordnungsentwurf den konkreten Menschen verfehlen, wäre eine fleischlose Architektur.

Eine Ordnung, deren Zweck die Menschenwürde in der Koexistenz ist — und das bedeutet zugleich eine möglichst weitgehende Freiheit der Vielen als konkrete Freiheit konkreter Individuen — kann nur auf dem Fundament einer schon faktischen Freiheit entstehen, setzt voraus, daß die Vielen sich frei zu ihr und ebenso frei über sie entscheiden

---

[2] Maihofer, Anthropologie der Koexistenz, S. 173 ff.; Recht und Existenz, S. 182 ff.

[3] Sartre, l'existentialisme, S. 67.

[4] Vgl. Sartre, l'existentialisme, S. 82 ff.

können, beschränkt nur durch die Erfordernisse dieser Koexistenz und Freiheit der Vielen.

Die Freiheit ist zugleich faktisches und normatives Element der Ordnung, Basis und Ziel. Damit wird die Ordnung ebenso zu einem Thema der Freiheit, wie die Freiheit zu einem Thema der Ordnung.

Die zweite Perspektive eröffnet unter anderen die Frage nach dem rechtsfreien Raum. Eine Frage, die allerdings nur dann sinnvoll ist, wenn man Freiheit und Ordnung nicht für tragische Gegner hält, sondern den Optimismus einer Versöhnung, einer gegenseitigen Förderung hat. Individuum und Gesellschaft, Freiheit und Ordnung lassen sich vermitteln und sind zu vermitteln, allerdings nicht in einer objektiven, idealen Kategorie, sondern in der Wirklichkeit und Aktualität des täglichen Lebens. Sie mögen in diesen Niederungen an Glanz und Prägnanz der Idee verlieren, aber nur so kann ihre Vermittlung fortschreiten in der sich wandelnden sozialen Wirklichkeit, in der unaufhörlichen, am konkreten Menschen orientierten Dialektik zwischen Verwirklichungen und neuen Zielbestimmungen.

Mit jeder neuen Vermittlung tauchen neue Konflikte auf. Hegels Auffassung, das Recht sei „somit überhaupt die Freiheit als Idee“[5], ist nicht nur überspitzt, sie erfaßt auch nur eine Dimension des Problems. Neben der Möglichkeit und Notwendigkeit der Vermittlung bleibt zugleich ein Gegensatz in dem Verhältnis. Widerstreit, wechselseitige Bedingung und Förderung haben gleichermaßen daran teil.

Man braucht also nicht gleich den Menschen gegen die Gesellschaft, ja seine Gesellschaftlichkeit überhaupt schützen zu wollen[6], man braucht nicht das Recht als eine „Diktatur des Man“[7] zu begreifen, als eine das Ich in die Anonymität des verwalteten Subjekts entfremdende, verdrängende Apparatur, ja man braucht nicht einmal die „eigentliche Substanz“ des Menschen außerhalb der Aufgaben einer rechtlich-staatlichen Ordnung zu stellen[8], um die Notwendigkeit normativer Grenzen des Rechts anzuerkennen. Es genügt, dem Menschen zugleich mit seiner sozialen, umweltbedingten Konstitution auch eine individuelle, einzigartige, von äußeren Determinanten freie Seinskomponente zuzugestehen. Eine Annahme, die schon aus dem „Komplexcharakter jeder Seinsstufe“[9] folgt, aus der Unmöglichkeit, die jeweiligen Determinanten

[5] Grundlinien der Philosophie des Rechts, Einleitung § 29, S. 45. Dem liegt allerdings ein sehr weiter Begriff des Rechts zugrunde; vgl. auch § 30, S. 46.

[6] Hans Kaufmann, S. 69, über Frank Wedekind.

[7] Heidegger, Sein und Zeit, S. 126; vgl. vor allem Maihofer, Recht und Sein, S. 17 ff.

[8] Ryffel, S. 355.

[9] Lukács, S. 5.

einer konkreten Existenz in einer historischen Situation, die Grundlagen ihres Verhaltens lückenlos nachzuvollziehen oder umgekehrt vorausschauend ein Verhalten zu entwerfen. Eine Annahme, die jeder Behauptung von Freiheit und jeder Forderung nach Freiheit vorausgeht. Diesem Komplexcharakter, der Einmaligkeit und Einzigartigkeit des konkreten Menschen kann das notwendigerweise verallgemeinernde typisierende Recht in zahlreichen Situationen nicht gerecht werden. Vor der nicht zuletzt dadurch bedingten Selbstverantwortlichkeit des einzelnen, dem daraus entspringenden Anspruch auf Selbstbestimmung hat es dann zurückzutreten, der Freiheit vom Recht Platz zu machen.

Recht und rechtsfreier Raum sollen hier nicht gegeneinander ausgespielt werden. Sie werden aufeinander bezogen, soweit wie möglich gegeneinander abgegrenzt. Schließlich geht es darum, die Funktionen des rechtsfreien Raums in der Rechtsordnung und die Aufgaben, die das Recht im Hinblick auf den rechtsfreien Raum übernimmt, zu klären. Denn beide ergänzen einander auch, „das Loch ist ein ewiger Kompagnon des Nicht-Lochs“[10]. Recht und Rechtsfreiheit haben in gleicher Weise, gegeneinander und miteinander, dem konkreten Menschen zu dienen.

---

[10] Tucholsky, Zur soziologischen Psychologie der Löcher, 1931, S. 804.

Kapitel I

Erste Begriffsannäherung

1. Die vorgefundenen Bezeichnungen

Neben dem Begriff „rechtsfreier Raum“ taucht im juristischen Schrifttum gelegentlich eine ganze Reihe gleich- oder ähnlich bedeutend gemeinter Ausdrücke auf wie: „rechtsleerer Raum“, „normfreier Raum“[1], „rechtsleere Felder“[2], „les vides de droit“[3], „le non-droit“[4], „l'a-droit“[5], „les creux du droit“[6], „une espèce de no man's land juridique“[7], „vacuum legis“[8], „staatsfreie Sphäre“[9]; oder weniger absolut, vielmehr die Relativität der Rechtsfreiheit andeutend: „rechtsverdünnter Raum“ bzw. „verdünnte Rechtsbezirke“[10]; sodann unter Hinweis auf eine Bewegung, eine Tendenz vom Recht zu rechtsfreien Räumen bzw. zum non-droit: „Öffnungen des Rechts“[11], „le retrait (la retraite) du droit“[12]; schließlich unter Bezugnahme auf bestimmte Zeiträume, in denen Rechtsprechung und Rechtsverfolgung aussetzen: „le sommeil de la loi“ oder „les vacances du droit“[13]. Die Gegenposition kennzeichnet der Bundesgerichtshof[14] mit der Formulierung „Rechtsraum“, den er von „metajuristischen Forderungen“ abhebt.

---

1 Waldmann, S. 125.

2 Waldmann, S. 115.

3 Carbonnier, l'hypothèse, S. 55.

4 Carbonnier, l'hypothèse, S. 55.

5 Stoyanovitch, S. 21 ff., der den Begriff an Stelle des non-droit bei Carbonnier setzt, das er wiederum in anderer Bedeutung verwendet, nämlich als Gegenbegriff zur Berechtigung. Vgl. zur Abgrenzung insbesondere Stoyanovitch, FN 1.

6 Savatier, S. 521.

7 Carbonnier, l'hypothèse, S. 69.

8 Carbonnier, l'hypothèse, S. 69.

9 Sauer, § 34 a I 3., S. 281.

10 Waldmann, S. 115 ff.; ganz ähnlich sagt Carbonnier, l'hypothèse, S. 56: „Quand nous parlerons de non-droit, il sera donc loisible d'entendre, non pas le vide absolu de droit, mais une baisse plus ou moins considérable de la pression juridique.“; und Dabin, Théorie, S. 146: „... (le) degré d'emprise de la règle varie sensiblement selon la nature des relations ...“

11 Waldmann, S. 115.

12 Carbonnier, l'hypothèse, S. 57.

13 Carbonnier, l'hypothèse, S. 59.

14 BGHZ 11, Anhang, S. 62.

Allerdings sind all diese Begriffe von verschwindender juristischer Relevanz. Zum einen sind ihre Inhalte kaum hinreichend abgeklärt[15], von einem Konsens über einen einheitlichen Gebrauch ganz zu schweigen[16]. Zum anderen rührt ihre Bedeutungslosigkeit, Funktionslosigkeit in dem normativen System des Rechts nicht zuletzt daher, daß sie ganz überwiegend als empirische Größen aufgefaßt wurden[17]. Kein Wunder also, daß sie bisher allenfalls einen mehr oder weniger bildhaften Namen für ein Konglomerat einzelner Phänomene des Rechts oder auch nur der einen oder anderen Rechtsordnung abgeben konnten.

2. Zur Methode

Es ist deshalb eine Bestimmung dessen notwendig, was im folgenden unter einem rechtsfreien Raum verstanden werden soll. Jedoch kann und darf zu Beginn nur eine Begriffsannäherung vorgenommen werden, ist doch die genauere Bestimmung Sache und Ergebnis der gesamten Untersuchung. Sie unternimmt den Versuch zu erfassen, was ein rechtsfreier Raum ist, nach welchen Kriterien er sich ermitteln läßt, ob und wie er sich in die Rechtsordnung einfügt, und gegebenenfalls welche Funktionen ihm darin zukommen. Dennoch sind schon zu Beginn sowie im Fortgang der Arbeit erste und weitere Eingrenzungen am Platze. Nur so läßt sich nämlich die jeweilige Fragestellung präzisieren. Eine solche wechselseitige Abhängigkeit der Begriffseingrenzungen von den jeweiligen Untersuchungsergebnissen einerseits, der den Überlegungen zugrunde liegenden, sie leitenden Zielsetzungen von deren Gegenstand, d. h. von dem Begriff bzw. von den bereits erzielten Begriffsannäherungen andererseits erlaubt nur ein Vorgehen in kleinen Schritten, erfordert zudem eine ständige Bezugnahme der genannten Faktoren aufeinander.

Die dabei gewählte Arbeitsweise setzt sich dem Vorwurf des Methodensynkretismus aus. Sie geht weder auf dem Wege reiner Deduktion vor noch setzt sie auf die bloße Induktion. Beides erscheint in Reinkultur unrichtig, weil das Recht und damit auch der rechtsfreie Raum als ein Rechtsproblem zugleich in den menschlichen Realitäten

---

15 Neben der Dissertation von Fehsenmeier über das Denkmodell des strafrechtsfreien Raumes unter besonderer Berücksichtigung des Notstandes wurden dem rechtsfreien Raum bzw. dem non-droit Aufsätze gewidmet von Carbonnier (l'hypothèse), Engisch (RR und Münchner Woche), A. Kaufmann (RR) sowie Waldmann.

16 Fehsenmeier, S. 13.

17 So insbesondere in den genannten Arbeiten von Carbonnier, Engisch und Waldmann. Normative Ansätze finden sich vor allem bei Fehsenmeier; A. Kaufmann, RR; Canaris, S. 40 ff.; Larenz, Methodenlehre, S. 355 f.; Sauer, § 34 a I 3., S. 281; Schönfeld, S. 191, 201.

und in den davon abstrahierten Forderungen, Werten[18], Zielen, im Gedanklichen wurzeln. Juristische Arbeit geht also in beständigem Dialog sowohl von den „Sachen", den „données naturelles" als auch von den gedanklichen Abstraktionen, vom „construit" aus[19].

Die auf den ersten Blick primär erscheinende Frage, ob es einen rechtsfreien Raum überhaupt gibt oder nicht, kann erst am Ende beantwortet werden. Sie zielt nämlich nicht auf die Denkmöglichkeit, die „Existenz" eines solchen Gebildes ab, sondern vielmehr auf seine Denkrichtigkeit, mit anderen Worten: darauf, ob es im Zusammenhang des gedanklichen Systems nach dessen innerer Logik einen Platz hat. Voraussetzung für die Beantwortung der Frage ist somit eine Klärung des gedanklichen Systems, also u. a. eine Bestimmung dessen, „was" ein rechtsfreier Raum ist. Die Frage nach dem „Was" steht folgerichtig vor der „Existenzfrage".

3. Die Bestandteile des Begriffs „rechtsfreier Raum"

a) Das erste der drei Begriffselemente, das „Recht", von dem ein „Raum" „frei" sein soll[20], wird so verstanden, daß es hierbei nicht etwa um eine oder mehrere bestimmte Rechtsfolgen geht, sondern um das „Ob" einer Regelung überhaupt. Es soll also keinerlei Rechtsregel den Raum erfassen, genauer: kein gerade diesen Raum regelndes Recht. Das betrifft folglich nicht ein Recht, welches zwar — mehr oder weniger zufällig — auch den entsprechenden Raum berührt, welches aber essentiell einen anderen Sachverhalt regelt. So wird z. B. eine allgemeingültige Deliktsregel auch in einem an sich rechtsfreien Lebensverhältnis nicht aufgehoben. Ein solches Recht ist hingegen dann — jedenfalls teilweise — betroffen, wenn es den in Frage stehenden Raum mitregelt, wenn auch auf indirekte Weise.

---

18 Zum Verhältnis von Tatsachenurteilen und Werturteilen, vgl. Kriele, S. 29 ff., 102.

19 Gény (Bd. I, S. 97 f.). Er sieht allerdings ebenda selbst, daß eine saubere Trennung in Wirklichkeit kaum möglich ist, daß vielmehr wechselseitige Beziehungen zwischen „construit" und „donné" bestehen, z. B. indem das „construit" nach und nach zur Vermehrung des „donné" beiträgt. Das äußert sich vor allem auch in der späteren (Bd. II, S. 371 ff.) Aufgliederung des „donné" in die „données réelles, — historiques, — rationelles und — idéales". (Sein Begriff des „construit" erscheint hingegen zu einseitig subjektbezogen.) — Die Bezeichnungen stehen hier weniger für feste Kategorien als für Tendenzen in einem komplexen Prozeß.

20 Dieselben Elemente sind auch in Carbonniers (l'hypothèse, S. 55) Bestimmung des non-droit enthalten: „Le non-droit ... est l'absence du droit dans un certain nombre de rapports humains, où le droit aurait eu vocation théorique à être présent."

Eine Unterscheidung zwischen „rechtsfolgefreien“ und „tatbestandsfreien Räumen“[21] ist dabei nicht angebracht. Die Bildung eines Tatbestandes in einem rechtsfolgefreien Raum wäre sinnlos[22]. Tatbestand und Rechtsfolge gehören untrennbar zusammen, stellen erst gemeinsam einen Rechtssatz dar. Die Rechtsfreiheit umfaßt notwendigerweise auch die Tatbestandsfreiheit.

Recht bedeutet auch nicht etwa nur allgemeine Norm im Sinne von Gesetzesrecht oder Gewohnheitsrecht, sondern zugleich Richterrecht, wie gesagt: jegliche rechtliche Regelung.

Daraus folgt, daß die Nichtanwendung einer Norm bzw. die „Normdurchbrechung“ im Einzelfall keine Frage des rechtsfreien Raumes ist, wie er hier verstanden wird[23]. Wird also eine Vorschrift, sei es wegen tatsächlicher Hindernisse (bei der Ermittlung, Verfolgung usw.), sei es auf Grund des Opportunitätsprinzips, eines Gnadenaktes, eines Verzichtes[24] o. ä. nicht „verwirklicht“, so bleibt doch die allgemeine Regel auch für diesen selben Sachverhalt durchaus gültig. Man könnte allenfalls von Sachverhalten sprechen, bei denen die „Durchsetzung“ des Rechts gehemmt ist[25].

b) Das Element des „Raumes“ hat vielfach zu begrifflichen und vorstellungsbedingten Mißverständnissen Anlaß gegeben. Insbesondere geht es hier nicht um Räume von örtlichen, zeitlichen oder nationalen Dimensionen[26]. Es ist daher nicht ganz ungefährlich, derartige Bilder zur Kennzeichnung des rechtsfreien Raumes heranzuziehen, wie etwa die eines Nichts, eines Loches, umgeben von der Materie des Rechts, einer Insel oder eines Planeten inmitten des vom Recht besetzten

---

21 A. Kaufmann, Rechtsphilosophie, S. 249; ders., RR, S. 336; Schreier, S. 104; Engisch, RR, S. 417 ff., wo er allerdings von einer anderen Konzeption des rechtsfreien Raumes ausgeht, die sich nämlich an bestimmten Rechtsfolgen orientiert.

22 Etwas anderes ist es, wenn ein Tatbestand gerade umgekehrt zum Schutz rechtsfreier Räume notwendig wird, nämlich zur Bildung von Schwellenrecht. Dazu unten Kapitel XI 1.

23 Vgl. demgegenüber Waldmann, S. 117 ff.

24 Vgl. auch Carbonnier, l'hypothèse, S. 60 f.

25 Wenn Waldmann, S. 120, in dem Zusammenhang allgemein von der Billigkeit spricht, so ist dem noch entgegenzuhalten, daß die Billigkeit vielfach in den Regelungskomplex hineingezogen, dessen Bestandteil geworden ist.

26 Vgl. aber Carbonnier, l'hypothèse, S. 58 f.; Stoyanovitch, S. 2 f.; Haesaert, S. 379 ff., der auch auf einen persönlichen oder bürgerlichen Status der Rechtslehre (situation non juridique) hinweist. Auch Schmitz löst mit Hilfe seiner phänomenologischen Methode den „Raum“ von Inhalten wie Orten, Gestalten, Lagen, Abständen, Dimensionen etc. ab (S. 110 ff.). Dennoch ist sein Begriff des „Rechtsraumes“ zur Bestimmung und Abgrenzung eines „rechtsfreien Raumes“ nicht geeignet, weil er gerade nicht eine Chiffre für Zuständigkeiten und Grenzen ist, sondern eine „umfassende Räumlichkeit“ (S. 112) bezeichnet.

Ozeans bzw. Alls. Weder der rechtsfreie Raum noch das Recht stellen ein leicht faßliches, kohärentes Etwas in der chaotischen Landschaft des jeweiligen Gegenbegriffes dar. Weder dem einen noch dem anderen kommt ein logischer oder hierarchischer Vorrang zu. Beide sind vielmehr in wechselseitiger Abhängigkeit voneinander jeweils aus der Situation, aus dem Lebensverhältnis heraus neu zu bestimmen. Sie durchdringen einander[27]. Es gibt viele rechtsfreie Räume, nicht einen einzigen umfassenden. Doch erscheinen sie jeweils für sich als relativ kohärentes Lebensverhältnis[28]. Trotz aller Gefahren soll deshalb vom Vorstellungsbild des Raumes soviel erhalten bleiben, als sich darin das „Innere" eines bestimmten rechtlich unkontrollierbaren, unlenkbaren, unregelbaren Verhaltens-, Gestaltungs- und Entscheidungsspielraumes ausdrückt[29]. Die genauere Bestimmung solcher Verhältnisse muß an dieser Stelle offen bleiben. Sie ist eines der hauptsächlichen Anliegen der weiteren Arbeit.

c) Wesentlich für den hier eingeschlagenen Weg ist, daß das Begriffselement „frei" ernstgenommen wird, im Sinne einer normativen Freiheit verstanden wird. Nur so kann der rechtsfreie Raum im normativen System des Rechts überhaupt eine Funktion erhalten[30]. Die empirisch-deskriptiven Ansätze können nur zu mehr oder weniger zufälligen Ergebnissen führen. Die entscheidende Frage lautet nicht: Fehlen in diesen oder jenen Sachverhalten, Situationen, Lebensbereichen jegliche regelnden Rechtsnormen? sondern: sind die Sachverhalte, Situationen, Lebensverhältnisse davon frei, davon zu befreien und freizuhalten? Die empirische Untersuchung mag zu dem Ergebnis kommen, daß eine Norm bisher nicht vorhanden ist. Sie sagt aber nichts darüber aus, ob der Gesetzgeber den Bereich, den noch rechtsleeren Raum regeln darf

---

27 So spricht auch Engisch von einem „vieldimensionalen ... rechtsleeren Raum", RR, S. 386.

28 Dem kommt auch Carbonniers Formulierung „un certain nombre de rapports humains" nahe, l'hypothèse, S. 55.

29 Aus dem Grund bedeutet auch der Satz „ultra posse nemo obligatur" nicht einen Hinweis auf einen rechtsfreien Raum; denn er sagt noch nichts über die grundsätzliche Rechtsfreiheit eines Lebensverhältnisses, sondern nur über einen ganz bestimmten Rechtssatz. Er ist in den verschiedensten Lebensverhältnissen denkbar. So betrifft er nicht nur das Unvermögen des englischen Parlamentes, aus einer Frau einen Mann zu machen, oder die Anordnung des russischen Grafen Araktschejew, jede Frau habe jährlich einen Sohn zu gebären (vgl. Engisch, RR, S. 395, 407; Fehsenmeier, S. 65). Genausowenig kann das Recht von dem Gesetzestreuesten verlangen, daß er Wasser in Wein verwandle, die Sphinx zum Leben erwecke oder Rosinante zu einem Rennpferd trainiere. Dem jeweiligen Satz kommt zwar keine Rechtsgeltung zu; es handelt sich insofern um (möglicherweise gesetzliches) Nicht-Recht, aber noch nicht notwendigerweise um einen rechtsfreien Raum.

30 Siehe oben Kapitel I 1. Zur Unterscheidung zwischen der normativen und der faktischen bzw. der juristischen und der soziologischen Betrachtungsweise: Max Weber, Rechtssoziologie, S. 69 ff.

oder nicht, ob der Richter in ihn hineinjudizieren darf oder nicht[31], ob dort eine privatautonome Rechtsetzung (durch Verträge) zulässig ist oder nicht. Das ist vielmehr Sache einer normativen Fragestellung und eines normativen Urteils. Dabei ist auch die Feststellung nicht ausgeschlossen, daß zwar eine Rechtsnorm vorliegt, daß diese aber nicht zulässig ist, weil sie in einen rechtsfreien Raum hineinragt.

Lediglich selbst gesetzte Grenzen, etwa im Sinne einer „Selbstbeschränkung" durch örtliche oder zeitliche Hemmnisse der Gesetzgebung, der Justiz, der Rechtsverfolgung, im Sinne eines Verzichts auf die Klagbarkeit oder auf den Vollzug bzw. auf einzelne Vollstreckungsarten oder im Sinne einer „Selbstneutralisierung" wie zum Beispiel durch Beweiserfordernisse oder die Voraussetzung eines Initiativaktes (einer Klage usw.) schaffen noch keinen rechtsfreien Raum, ebensowenig wie der strafrechtliche Grundsatz „nulla poena sine lege"[32].

Ob und inwiefern der Wille der Rechtssubjekte ausschlaggebend ist, so der Wille, sich nicht rechtswirksam zu binden, der Wille, einem bestimmten Rechtsinstitut auszuweichen usw.[33], ist demgegenüber eine komplexere Frage, die später behandelt werden soll[34].

Dem zweiten Teil von Carbonniers Bestimmung des non-droit: „... où le droit aurait eu vocation théorique à être présent", kann aus einer normativen Sicht nicht gefolgt werden, deren Gegenstand ein rechtsfreier und nicht ein rechtsleerer Raum ist.

Die Normativität bedeutet die Forderung nach Durchsetzung und Sicherung der gesollten Rechtsfreiheit. Wer aber sollte und könnte in der menschlichen Gemeinschaft diese Aufgaben übernehmen, wenn nicht das Recht, das somit die rechtsfreien Räume gegen seine eigenen Übergriffstendenzen zu schützen hat.

4. Der Zusammenhang mit dem Rechtsbegriff

Aus dieser Funktion des Rechts als Rand- oder Schwellenrecht der Rechtsfreiheit läßt sich allerdings kein Vorrang des Rechts gegenüber

---

31 Auf die Normativität gegenüber dem Richter, „justizfreie Räume" also, beschränken sich die Ansätze von A. Kaufmann, RR, und Canaris, S. 41 ff. sowie Germann, S. 121 ff.; Klug, S. 85; Meier / Hayoz in Berner Kommentar, Bd. I/1, Art. 1, Nr. 260, S. 146; Larenz, Methodenlehre, S. 355 f.

32 Carbonnier, l'hypothèse, S. 57 ff., rechnet diese allerdings seinem empirisch-soziologisch verstandenen non-droit zu. Vgl. zum Teil auch oben Kapitel I 3. a).

33 „le non-droit comme choix individuel", was sich nicht zuletzt in den „situations de fait" und „situations d'amitié" manifestiert. Vgl. Carbonnier, l'hypothèse, S. 61 ff.

34 Vor allem Kapitel IV.

den rechtsfreien Räumen herleiten. Die jeweiligen Schutznormen dienen vielmehr den sich insofern normativ durchsetzenden rechtsfreien Räumen.

Recht und Rechtsfreiheit sind gleichwertige Größen, sind zwei Pole, die ihre Zuständigkeitsbereiche gegeneinander abgrenzen müssen[35]. Das geschieht im Begriff der Rechtsfreiheit bzw. des rechtsfreien Raumes schon dadurch, daß er das Recht als Negation umfaßt. Doch ist diese Sicht vom Recht her einseitig. Der rechtsfreie Raum ist eben nicht bloße Negation, kein reines Nichts. Es wimmelt darin von anderen Verhaltensnormen, Wertordnungen[36]. Vor allem aber gibt er der eigenverantwortlichen Entscheidung des Individuums mehr Raum[37]. Der Stoff, mit dem die rechtsfreien Räume gefüllt sind, ist äußerst komplex, weniger faßlich, schillernder, diffuser noch als das Recht selbst[38]. Aber er ist deshalb durchaus ein Etwas, positiv vorhanden und als solches zu behandeln, nicht als Lückenbüßer, als schlichte Negation des Rechts.

Recht und rechtsfreier Raum sind Komplementärbegriffe. Der eine erhellt nur aus der Gegenüberstellung mit dem anderen, aus einem dialektischen Wechsel der Ausgangspunkte und Perspektiven, d. h. aus einer gleichzeitigen und wechselseitigen Abklärung der zwei Pole[39]. Eine isolierte Definition des rechtsfreien Raumes ohne Rekurs auf den Rechtsbegriff ließe sich demgegenüber nur dann vertreten, wenn man ihn diesem gegenüber für vorrangig hielte, ihn in einer hierarchischen Ordnung derart über dem Recht einstufte, daß er es verbindlich in die ihm zustehenden Bereiche einweisen könnte, ohne dabei auf dessen Eigenarten und Aufgaben Rücksicht nehmen zu müssen. Ein solcher Vorrang kommt aber weder dem einen noch dem anderen zu[40].

Im folgenden Kapitel sollen daher kurz die Grundlagen des Rechtsbegriffes dargestellt werden, die für die weitere Erörterung des rechts-

---

[35] Das deutet vor allem die insofern verschobene Perspektive von Begriffen wie „non-droit" oder „vides de droit" an, die das Adjektiv „frei" bzw. „leer" zum Substantiv erhebt.

[36] Um eine Aufwertung des non-droit — wenn auch unter empirischen Aspekten — bemüht sich insbesondere Carbonnier, l'hypothèse, S. 56 f.; Flexible droit, S. 18 f.; Fehsenmeier spricht von einer „transrechtlichen Realität", S. 46.

[37] A. Kaufmann, RR, S. 330 ff. m. w. N., 338, Rechtsphilosophie, S. 249.

[38] Das wird deutlich bei dem von Engisch, RR, S. 399 ff., aufgezeigten Ansatz, „das Recht als eine Gestalt des objektiven Geistes (mit) anderen Emanationen des emotionalen und geistigen Seins" zu konfrontieren, wie z. B. Religion, Moral, Politik, Wirtschaft, Wissenschaft und Kunst.

[39] So grundsätzlich auch Engisch, RR, S. 402 f.; Waldmann, S. 114 f.; Stoyanovitch, S. V (Préface).

[40] Die Darlegung einer historischen oder genetischen Priorität reicht zur Begründung nicht aus. Zum Ganzen vgl. Carbonnier, l'hypothèse, S. 66 ff.

freien Raumes notwendig erscheinen[41], bevor dann in der Dialektik von Recht und Rechtsfreiheit nach Kriterien und Beispielen für rechtsfreie Räume gesucht wird.

---

[41] Vgl. auch den Ansatz von Fehsenmeier, S. 2 f., 6 ff., 149, dem allerdings nicht ganz zugestimmt werden kann, wenn er sagt, die Entscheidung für die Existenz eines rechtsfreien Raumes falle im „außerjuridischen Feld". Sie geht vielmehr aus der Inbezugnahme beider hervor.

Auch A. Kaufmann, RR, geht zwar vom Rechtsbegriff aus (S. 333 f.). Indem er aber den rechtsfreien Raum in den Willen der Rechtsordnung — genauer: des Gesetzgebers — stellt (S. 336 f., 341), setzt er ihm nur einen positiven Rechtsbegriff wie etwa den jeweils aktuellen Strafrechtsbegriff (S. 334) entgegen.

Vgl. schließlich Engisch, RR, S. 402 f.; Waldmann, S. 114 f.; Stoyanovitch, Préface S. V; a. A.: Bergbohm, demzufolge der rechtsleere (gelegentlich auch „rechtsfrei" genannte, S. 379) Raum innerhalb des Bereiches des rechtlich relevanten Raumes liegt; S. 375, 81. Der Rechtsbegriff schluckt bei Bergbohm den Begriff des rechtsleeren Raumes, so daß dieser sich jenem nicht normativ entgegenstellen kann, ihm keinerlei eigene Substanz entgegenzusetzen hat.

Kapitel II

Recht und rechtsfreier Raum
Der rechtsphilosophische Ausgangspunkt

1. Das Element der Durchsetzbarkeit

Bei dem Versuch, sich dem rechtsfreien Raum vom Begriff des Rechts her zu nähern[1], stößt man zunächst auf das Merkmal der Durchsetzung oder des Zwanges als Kriterium, welches das Recht in besonderer Weise ausmache, es von anderen, eben nicht-rechtlichen Verhaltensmustern unterscheide[2].

Nun kann an dieser Stelle keine vollständige Untersuchung des Rechtsbegriffes oder auch nur der Zwangstheorie erfolgen. Es kann

---

[1] Gerade in diesem Zusammenhang wäre es nicht sinnvoll, die „quaestio iuris" nach dem gesollten Recht und der gesollten Unterscheidung zwischen Recht und anderen Verhaltensmustern von der „quaestio facti" nach dem tatsächlichen Recht und der tatsächlichen Unterscheidung zu trennen. (Vgl. aber Engisch, Suche, S. 95, im Anschluß an Kelsen, Reine Rechtslehre, S. 65.) Hier geht es um den normativen, aber schon aktuellen, den geltenden rechtsfreien Raum und damit um das geltende Recht. Beide enthalten aber zugleich normative und faktische Elemente. Die Frage, was Recht ist, läßt sich nicht vollständig ablösen von dem, was es sein soll. (Dazu unten Kapitel II 3.)

An der normativen Dimension der Fragestellung geht es aber vorbei, wenn Engisch, RR, S. 402 ff., von den unterschiedlichen Rechtsbegriffen her, welche das konkrete Sollen, das inhaltliche Moment ausklammern und sich ganz auf eine formale Begrifflichkeit zurückziehen, den rechtsfreien Raum zu bestimmen sucht. Dabei kommt es notwendigerweise zu entsprechend unterschiedlichen rechtsfreien Räumen, die — ebenso wie die Rechtsbegriffe — beliebig erscheinen.

[2] Christian Thomasius, Buch I, Kap. IV, § 61, Kap. V, §§ 17 ff., § 21: „At vero obligatio juri correspondens semper externa est, metuens coactionem aliorum hominum." Dazu u. a.: Zippelius, S. 38; Welzel, Naturrecht, S. 166, der dies als einen „unseligen Gedanken" bezeichnet. Ferner Hobbes, Kap. 26, S. 203 ff., aber auch S. 212 ff.

Vgl. weiterhin insbesondere die Theoretiker der Reinen Rechtslehre, vor allem Kelsen, Reine Rechtslehre, S. 25 f.: „Nicht irgendeine immanente Qualität und auch nicht irgendeine Beziehung zu einer metarechtlichen Norm, einem moralischen Wert macht, daß ein bestimmtes Verhältnis als rechtswidrig zu gelten hat, sondern ausschließlich und allein, daß die positive Rechtsordnung mit einem Zwangsakt reagiert."

Zu Jherings Lehre vom Recht: Welzel, Grenzen, S. 13. Auch Radbruch kommt auf der Grundlage seines wertrelativistischen Ansatzes zu Gedanken, die in die Nähe einer dezisionistischen Zwangstheorie führen. Rechtsphilosophie, S. 175: „... so muß die Setzung des Rechts einem Willen zustehen, dem auch eine Durchsetzung gegenüber jeder widerstrebenden Rechtsanschauung möglich ist. Wer Recht durchzusetzen vermag, beweist damit, daß er Recht zu setzen berufen ist." Kritisch hierzu Welzel, Grenzen, S. 25 f.

lediglich darum gehen, die Momente abzutasten, die im Hinblick auf den rechtsfreien Raum für entscheidend gehalten werden.

Die Zwangstheorie war nie unbestritten[3]. In der neueren Rechtsphilosophie begegnet man ihr eher in differenzierter Form[4].

So wird darauf hingewiesen, ein Zwangsakt werde beim Vollzug einer Rechtsnorm nur in Ausnahmefällen gesetzt[5], eine Norm verliere also sicher nicht dadurch ihren Rechtscharakter, daß sie freiwillig befolgt werde oder jedenfalls aus anderen Motiven als unter dem bloßen Druck des angedrohten Zwanges[6]. Es geht folglich nicht um eine allgegenwärtige, beständig aktuelle Zwangswirkung, sondern allenfalls um eine potentielle[7], eine subsidiäre.

An Stelle des Zwanges treten dementsprechend andere Begriffe, etwa die Erzwingbarkeit[8], die Durchsetzbarkeit[9], die „wirkliche Maßgeblichkeit"[10], die Garantie[11], Sanktionsfähigkeit[12] usw. Damit wird zum einen der Tatsache Rechnung getragen, daß neben die unmittelbar den gesetzlich bezweckten Erfolg erzwingenden Sanktionen (Realexekution, Erzwingung des Verhaltens, Ersatzvornahme) und solche, die mittelbar darauf hinwirken (Strafandrohungen, Belohnungen, Schadensersatz)[13], weitere Durchsetzungsmodalitäten treten, wie etwa die vis correctiva/irritativa, die „einen rechtsfehlerhaften Akt vernichtet, aufhebt oder obendrein durch einen anderen ersetzt"[14], die Unbeachtlichkeit eines

---

3 Vgl. etwa Thomas von Aquin, der vor allem auf die inhaltlichen Momente des Rechts hinweist (Fragen 57 und 58). Dazu Utz, S. 454 f. Weiterhin die Nachweise bei von Hippel, S. 320 f.

4 Ausdrücklich wird der bloße Zwang als Kriterium des Rechts zurückgewiesen etwa von Marcic, Rechtsphilosophie, S. 175; Ryffel, S. 187; Schmitz, S. 16 f., 97.

5 So schon Kelsen, Reine Rechtslehre, S. 35.

6 Kelsen, Reine Rechtslehre, S. 36.

7 Henkel, Rechtsphilosophie, S. 94; vgl. auch Gény, Bd. I, S. 47 f.

8 Henkel, Rechtsphilosophie, S. 95.

9 Zippelius, S. 39.

Soweit unter Durchsetzung allerdings das bloße „Gefühl der Gebundenheit auf seiten der Normadressaten" verstanden wird (Leibholz, Gleichheit, S. 66; vgl. auch H. Heller, S. 199 ff.; Max Weber, Wissenschaftslehre, S. 470) rückt die Durchsetzbarkeit in erstaunliche Nähe zu gewissen Spielarten der Anerkennung. (Dazu unten Kapitel II 2.)

Vgl. auch Henkel, Rechtsgeltung, S. 65 ff., der die Anerkennung im Sinne eines Gemeinbewußtseins zusammen mit der Rechtsmacht als Grundlagen der faktischen Geltung sieht. (Dazu unten Kapitel II 4, Fn. 68.)

10 Ryffel, u. a. S. 162 ff., 183 ff.

11 Jellinek, S. 334 ff.; Coing, Rechtsphilosophie, S. 279.

12 Marcic, Rechtsphilosophie, S. 160.

13 Vgl. dazu — mit etwas anderer Einteilung — Ryffel, S. 401 f.

14 Marcic, Rechtsphilosophie, S. 160.

vom Recht als nichtig bewerteten Aktes, die Legitimation der Gehorsamsverweigerung, sowie präventive, initiierende (Ombudsmann) oder repressive Maßnahmen[15] und schließlich eigene Normen, die der Mißachtung oder Nichtverwirklichung einer Norm Rechnung tragen und sich darauf beschränken, diesen Erfolg zu mildern, auszugleichen, einen tatsächlichen Zustand herzustellen, der zumindest der gesollten Interessenlage in etwa entspricht (Schadensersatzansprüche)[16].

Zum zweiten geben solche Begriffe besser die Komplexität und die Unsicherheitsmomente der Durchsetzungsmechanismen und ihrer Adressaten wieder. So hat ein schuldrechtlicher Anspruch etwa zumindest zwei Adressaten: den Gläubiger und den Schuldner. Ergreift der Gläubiger keinerlei Initiative, so kann schon daran die Durchsetzung scheitern. Werden die beiden sich aber nicht einig oder treten sonstige Störungen auf, so kommen weitere Adressaten[17] hinzu: die Gerichte, die Vollstreckungsbehörden. Auf der einen Seite sollen diese die Norm durchsetzen, auf der anderen Seite ist sie auch ihnen gegenüber durchsetzbar[18], d. h. der Richter hat dieser Norm gemäß Recht zu sprechen und keinen Willkürakt zu setzen, der Vollstreckungsbeamte muß sich an das Urteil halten. Anderenfalls hätten beide nun ihrerseits mit Sanktionen zu rechnen. Es handelt sich also um alles andere denn um eine Zwangsautomatik.

Schließlich — und auch das spricht gegen eine Überbewertung des Kriteriums „Zwang" — ist die Relativität der Durchsetzbarkeit einer Norm hinsichtlich ihrer verschiedenen Zwecke zu berücksichtigen. So ist etwa eine Strafnorm bezüglich ihrer Generalprävention kaum als „durchsetzbar" zu bezeichnen, ihr Resozialisierungseffekt — zumal mit staatlichen Zwangsmitteln — zumindest fraglich und allenfalls der Schutz vor dem Täter einigermaßen realisierbar. Dennoch ist die Norm Rechtsnorm nicht nur im Hinblick auf den einen oder anderen ihrer Zwecke, sondern in der Gesamtheit ihrer Zielsetzungen.

Wenn eine Norm also nicht mit unmittelbarem Zwang durchsetzbar ist, so beeinträchtigt das noch nicht ihren Rechtscharakter[19].

Dennoch spielt die Erzwingbarkeit oder Durchsetzbarkeit eine wesentliche Rolle im Recht[20]. Darauf weist schon die Tatsache hin, daß es für

---

15 Marcic, Rechtsphilosophie, S. 160.

16 Zu den verschiedenen Modalitäten der Zwangsanwendung vgl. auch Engisch, Suche, S. 121 ff.; differenzierend auch Weigelin, Rechtsphilosophie, S. 157 ff.

17 Dazu u. a. Welzel, Grenzen, S. 14 m. w. N.

18 Engisch, Suche, S. 123 f.

19 Ryffel, S. 188.

20 Welzel, Gemeinschaftsordnung, S. 12 ff.; Gény, Bd. I, S. 47 f.; Max Weber, Wissenschaftslehre, S. 576 ff.

Zivil-, öffentliches- und Strafrecht jeweils ganze Normenkomplexe gibt, die sich bloß mit der (zwangsweisen) Durchsetzung mangels freiwilliger Befolgung befassen[21]. Ein in einem Großteil seiner Zwecke nicht mehr durchsetzbares, bloß unverbindliche Empfehlungen aussprechendes Recht wäre sicher nicht mehr das, was allgemein unter einer Rechtsordnung verstanden wird, könnte deren Funktionen nicht mehr erfüllen. Allerdings kann es dabei nur um eine Durchsetzung mit staatlich organisierten Mitteln (Justiz, Vollstreckungsbehörden u. a.) gehen, im Gegensatz etwa zu den Zwangsmomenten, Durchsetzungsmöglichkeiten anderer Normenordnungen wie der Sitte, der Sittlichkeit usw.[22]. Die Durchsetzbarkeit ist zumindest ein Kriterium unter anderen zur Unterscheidung des Rechts von anderen, unverbindlichen Verhaltensmustern[23].

Vor allem — und darauf kommt es hier eigentlich an — sind Zwangsanwendung und Durchsetzbarkeit für den rechtsfreien Raum insofern von entscheidender Bedeutung[24], als dieser sich dadurch auszeichnet, daß innerhalb seiner Grenzen eben nicht mit Zwangsmitteln gearbeitet, bestimmte Zwecke nicht rechtlich verbindlich verfolgt werden dürfen[25].

Zieht man die Trennungslinie zwischen ingendwie (allerdings mit staatlich organisierten Mitteln) durchsetzbaren und überhaupt nicht durchsetzbaren Normen und teilt man die letzteren wiederum ein in empirisch bzw. normativ undurchsetzbare, so ergeben sich drei grobe Bereiche[26], nämlich: die durchsetzbaren[27], die empirisch gesehen nicht durchsetzbaren, denen einfach jeglicher Durchsetzungsmodus fehlt[28], und schließlich die normativ undurchsetzbaren Normen, besser: Bereiche, in denen, wie gesagt, keine rechtliche Durchsetzung stattfinden

---

21 Henkel, Rechtsphilosophie, S. 95.

22 Insbesondere der Hochethik und der Sozialmoral in der Differenzierung Henkels, Rechtsphilosophie, S. 115 ff., 128 ff. Diesen Unterschied in der Art (und Legitimation!) der Durchsetzung übersieht Stoyanovitch, der Recht und Moral zu einer Kategorie sozialer Regelung zählt und nur unbedeutende Differenzierungsmerkmale sieht; S. 378, 383 f., 492 f., 503 f. (vgl. auch unten Kapitel II 5. Fn. 80).

23 Henkel, Rechtsphilosophie, S. 96.

24 Vgl. auch Engisch, RR, S. 422 ff. m. w. N.

25 Vgl. demgegenüber Kelsen, Allgemeine Staatslehre, S. 151: „Der Idee nach kann die staatliche Zwangsordnung das gesamte Verhalten der Menschen ergreifen, kann sie den Menschen nach jeder Richtung hin binden. Nur soweit dies nicht geschehen ist, bleibt der Mensch frei."

26 Vgl. auch die andere Einteilung unten, Kapitel II 4.

27 Wobei von dem Modus der Durchsetzung im Augenblick abgesehen werden soll.

28 Hier wäre wiederum zu unterscheiden zwischen solchen Normen, die im übrigen auf Rechtsnormen verweisende oder sie gar als solche ausweisende Charakteristika enthalten, und den anderen, denen derlei Eigenarten völlig fehlen.

darf, was allerdings nicht ausschließt, daß sich dort trotz des Verbots zwangsbewehrte Normen finden. Im letztgenannten Bereich sind die rechtsfreien Räume angesiedelt.

Die Durchsetzbarkeit ihrerseits verweist nun in beiden Richtungen auf weitere Kriterien: Wenn einer Norm tatsächlich ein Durchsetzungsmechanismus beigelegt ist, muß dieser sich legitimieren[29]. Eine Norm wird nicht lediglich dadurch zur Rechtsnorm, daß sie zwangsbewehrt wird[30]. Die Durchsetzbarkeit ist nicht das einzige Kriterium des Rechts, sondern nur eines. Umgekehrt: soweit man eine (zwangsweise) Durchsetzung für unzulässig hält, muß man dies begründen, bestimmte Kriterien für die Unzulässigkeit anführen können.

2. Das Element der Anerkennung

Ist das entscheidende Kriterium etwa in der Annahme bzw. Anerkennung oder umgekehrt der Ablehnung einer bestimmten Norm als verbindlich, als Rechtsnorm zu finden[31]?

Die Anerkennungstheorie ist, ganz abgesehen von Einzelschwierigkeiten wie z. B. der Ungewißheit des zeitlichen Anknüpfungspunktes[32], schon in ihren Grundlagen sehr umstritten und unklar. Wer ist das Subjekt der Anerkennung? Auf wessen Einstellung gegenüber einer Norm kommt es an bei deren Bestimmung als Rechtsnorm? Ist der konkret oder abstrakt betroffene Adressatenkreis[33] entscheidend, oder sind

---

[29] A. Kaufmann, Rechtsphilosophie, S. 240; Welcker, S. 82; Bockelmann, Einführung, S. 34.

Der Unterschied zwischen Recht und anderen Systemen „sozialer Kontrolle" besteht also nicht nur darin, daß es (graduell) direkter und bewußter wirkt (Stone, S. 756 f.), sondern auch — und wesentlich — in seiner Legitimation bzw. in dem Zwang zur Legitimation.

[30] Nach Engisch, Suche, S. 93, kann der Zwang zwar noch keine rechtliche Pflicht begründen, er unterscheide lediglich die rechtliche Pflicht von der bloß moralischen. Engisch übersieht dabei, daß der Zwang nicht das einzige Kriterium ist, um eine rechtliche von einer anderen (moralischen) Pflicht zu unterscheiden. z. B. mögen moralische Pflichten bestehen, die gerade wegen des Respekts vor der Autonomie des einzelnen nicht für allgemeinverbindlich erklärt und durchsetzbar gestaltet werden dürfen. Die tatsächliche Zwangsbewehrung macht diese also noch nicht zu Rechtsnormen. Ein inhaltliches Moment steht dem im Wege.

[31] Nachweise zur sog. Anerkennungstheorie bei Engisch, Suche, S. 69 ff.; Welzel, Grenzen, S. 8 ff., insbesondere zur sog. „generellen Anerkennungstheorie", S. 12, FN 28; Henkel, Rechtsgeltung, S. 63, 66 f.; vgl. auch Friedmann, Legal Theory, S. 14 ff.

[32] Ab wann kann man davon sprechen, daß eine Norm „anerkannt" sei?, vgl. u. a. Engisch, Suche, S. 71.

[33] Vgl. Welcker, S. 81 f.; Welzel, Grenzen, S. 8 ff. m. w. N., der im Groben zwischen „individueller" und „genereller Anerkennungstheorie" unterscheidet; im Anschluß an Hold von Ferneck, S. 188, 97.

es die Organe der Durchsetzung[34], die Mehrheit aller Rechtssubjekte oder eine sich irgendwie auszeichnende maßgebliche Schicht[35]? Letztere ist, bei aller Komplexität ihrer Bestimmung, empirisch gesehen sicherlich sehr einflußreich. Allein deshalb kommt ihr aber noch nicht auch normative Bedeutung zu.

Insbesondere bleibt — solange nicht auf die Anerkennung zumindest aller Betroffenen abgestellt wird — ungeklärt, wie die Norm gegenüber denjenigen, die sie nicht akzeptieren, Verpflichtungskraft entfalten kann[36]. Das Recht läßt sich nicht lückenlos auf die Autonomie aller Rechtsbetroffenen gründen, es hat zweifelsohne auch heteronome Seiten, anderenfalls eine Zwangsanwendung unnötig wäre[37].

Vielfältig sind auch die Antworten auf die Frage nach dem Gegenstand der Anerkennung. Ist es die jeweils in Frage stehende Norm, sind es vielmehr die Rechtsgrundsätze[38], ist es die übergeordnete, die einzelnen Normen tragende Verfassung[39] oder etwa die Grundnorm im Sinne der reinen Rechtslehre[40], die gesamte Rechtsordnung („die Unangefochtenheit der Rechtsherrschaft")[41] oder die jeweilige normsetzende Instanz[42]?

Aussagen über die Verfassung, die Grundnorm, die Gesamtrechtsordnung oder den Normgeber brauchen nicht unbedingt auch für jede Einzelnorm zu gelten. Ein grundsätzlich anerkannter Gesetzgeber kann durchaus ein ganz und gar nicht anerkanntes Gesetz erlassen, ein nicht akzeptiertes Organ (ein von fast allen abgelehntes totalitäres Regime etwa) kann Rechtsnormen setzen, die allgemein angenommen werden. Aber auch die Anerkennung, Nichtanerkennung oder gar Ablehnung einer konkreten Norm (z. B. aus dem Straßenverkehrsrecht) entscheidet noch nicht allein über deren Geltung.

---

34 Vgl. Hart, S. 113 f.

35 Vgl. Engisch, Suche, S. 72; Welzel, Grenzen, S. 8 ff.; Henkel, Rechtsphilosophie, S. 385 f., der auch auf die Schwierigkeiten der Ermittlung des „richtigen Rechts" nach dieser Theorie hinweist.

36 Diesen gegenüber handelt es sich dann doch im Ergebnis um nichts anderes als um eine Zwangsanwendung. Engisch, Suche, S. 75; A. Kaufmann, Rechtsphilosophie, S. 228 f.; Welzel, Grenzen, S. 20 ff.

37 Einen solchen Versuch unternimmt aus existenzphilosophischer Sicht Maihofer — insbesondere in Recht und Sein, S. 34, 114 ff. —, indem er dem individuellen Ich, dem Selbst, ein zweites „Existential", das „Als-Sein", das soziale Sein beigesellt. Damit zieht er aber letztlich heteronome Elemente in das Ich.

38 Heller, S. 191.

39 Bierling, Bd. I, S. 46; vgl. auch Jerusalem, S. 109.

40 bzw. Harts „rule of recognition", insbesondere Kap. VI, S. 97 ff.; zum Verhältnis zu Kelsens Grundnorm vgl. Notes zu Kap. VI, S. 245 f.

41 Graf zu Dohna, S. 50.

42 Engisch, Suche, S. 74 ff.

Zuletzt: Unter Anerkennung kann man eine Richtigkeitsüberzeugung verstehen oder auch ein bloßes Sichabfinden; sie kann bewußt oder auch unbewußt erfolgen. Sogar das Erfordernis der Freiwilligkeit wird bestritten[43].

Die Anerkennung — welcher Spielart auch immer — ist kein hinreichendes, lückenloses und zweifelsfreies Kriterium zur Unterscheidung zwischen rechtlichen und nicht-rechtlichen Normen[44]. In Grenzfällen, etwa in den Fällen des gesetzlichen Unrechts, versagt sie, insbesondere dann, wenn eine (selbst überwältigende) Mehrheit wesentliche, gar existentielle Belange einer kleinen Minderheit mißachtet, diese Mißachtung „anerkennt".

Dennoch ist nicht zu leugnen, daß gerade in einem demokratischen Rechtsstaat eine bestimmte Form der Anerkennung, nämlich die im Gesetzgebungsverfahren formalisierte Anerkennung, eine schon in empirischer Sicht ganz bedeutende Rolle spielt[45]. Aber nicht nur das. Vielmehr liegt dem das Fundament eines demokratischen Gemeinwesens zugrunde, nämlich die möglichst weitgehende Setzung des Rechts durch die Rechtssubjekte selbst, und wenn nicht Selbstsetzung — die schon an faktischen Schwierigkeiten ihre Grenzen findet — so doch wenigstens Bejahung und Kontrolle des ihnen vorgesetzten Rechts. Nur aus einer solchen positiven Haltung gegenüber dem Recht kann eine wirkliche und andauernde freiwillige Rechtsbefolgung[46] erwachsen, und damit die tatsächliche Rechtsgeltung[47]. Darüber hinaus ist diese positive Haltung in den Fällen, in denen nicht die genannten Grenzen berührt werden[48], zugleich normative Basis der Rechtsgeltung. Die Anerkennung ist insofern weit mehr als ein „psychologischer Rechtspositivismus"[49]. Dabei handelt es sich allerdings nicht mehr um eine diffuse Anerkennung oder Verbindlichkeitsvorstellungen, wie sie auch nicht-rechtlichen Verhaltensnormen wie Sitte und Sittlichkeit durchaus eigen sein können[50], sondern um die in der Organi-

---

[43] Bierling, S. 45 ff.; vgl. auch Engisch, Suche, S. 72 f.; Welzel, Grenzen, S. 18 ff.

[44] Welzel, Grenzen, S. 13, 20 f.

[45] Im übrigen setzt auch die Bildung von Gewohnheitsrecht eine Anerkennung „als rechtsverbindlich" voraus. Vgl. auch Fuller, S. 103 ff., der unter dem soziologischen Gesichtspunkt, daß Gewohnheiten sich als Erwartungsmuster aus vorangegangenem Verhalten bilden, das Gewohnheitsrecht für die wichtigste Rechtsquelle — auch des kodifizierten Rechts — hält.

[46] Henkel, Rechtsphilosophie, S. 443: „Rechtsgehorsam".

[47] Henkel, a.a.O.; ders., Rechtsgeltung, S. 63, 68.

[48] In denen die „anerkannten" Normen nicht den weiteren, inhaltlichen Kriterien entgegenstehen; vgl. unten Kapitel II 4.

[49] Henkel, Rechtsphilosophie, S. 384 ff.

[50] Henkel, Rechtsphilosophie, S. 116 ff., 123 ff., 131 ff.

sation des Gemeinwesens kanalisierte Anerkennung der von ihm gesetzten und zu setzenden Normen[51]. Die diffuse Anerkennungswelle einer Geschwindigkeitsbegrenzung im Straßenverkehr begründet ebensowenig geltendes Recht, wie die bloß diffuse Ablehnung die Geltung eines entsprechenden Gesetzes verhindern oder aufheben könnte.

Und das gilt gleicherweise für die Ablehnung des konkreten Regelungsinhalts einer Norm wie der bloßen Tatsache, daß in dem fraglichen Bereich überhaupt eine Regelung getroffen wird. Wenn z. B. für einen bestimmten, bisher nicht geregelten Sachverhalt allgemein jede rechtliche Regelung abgelehnt wird, um der Entfaltungsfreiheit oder auch „dem Recht des Stärkeren" freien Lauf zu lassen, so bedeutet das für einen damit befaßten Richter bzw. Gesetzgeber noch nicht zwingend, daß er kein regelndes Urteil bzw. Gesetz erlassen dürfe. Er muß die Wertung, ob die Entfaltungsfreiheit eventuelle Regelungsbedürfnisse überwiegt oder nicht, ob ein rechtsfreier Raum vorliegt oder nicht, im Rahmen seiner (demokratisch legitimierten) Befugnisse und Aufgaben selbst vornehmen. Allerdings ist eine allgemeine Ablehnung ebenso wie umgekehrt eine allgemeine Anerkennung ein nicht zu übersehendes Indiz.

Welche Kriterien sind bei dieser Wertung zu beachten? Welche Kriterien legitimieren die Durchsetzbarkeit einer Norm oder sprechen umgekehrt für die Unzulässigkeit jeder zwangsweisen Durchsetzung oder schon einer staatlichen Vorzeichnung, für einen rechtsfreien Raum?

3. Inhaltliche Elemente

Man kommt bei der Bestimmung des Rechtlichen, des Rechtsbegriffs an inhaltlichen Kriterien, an einem materiellen Gehalt nicht vorbei[52]. Weder das Merkmal der Durchsetzbarkeit noch das der Anerkennung sind eindeutig, reichen für die Bestimmung einer Norm als Rechtsnorm

---

[51] Nach Welzel, Grenzen, S. 30, ergibt sich „die Erzeugung positiven Rechts ... aus einem Doppelakt: dem der Gesetzgebung (der Normsetzung) und dem der Normanerkennung". Dabei übersieht er allerdings, daß eine demokratisch legitimierte Gesetzgebung die Anerkennung bereits in den 1. Akt hineinzieht, ihr durch diese Institutionalisierung einen erheblich größeren Einfluß garantiert. Was Henkel, Rechtsgeltung, S. 63, 69, 70 ff., unter die verfassungsmäßige Geltung bzw. die existentielle Rechtsgeltung faßt, sind demzufolge Momente einer so verstandenen Anerkennung (dazu auch unten Kapitel II 4. Fn. 68).

[52] Vgl. neuerdings Henkel, Rechtsgeltung, S. 63, 80 f.; Cotta, S. 119 ff.

Gegen jedes inhaltliche Kriterium wendet sich hingegen ausdrücklich Ryffel, S. 183. Doch legt auch er unausgesprochen inhaltliche Momente zugrunde, wenn er sagt, kraß unrichtige Normen seien keine Rechtsnormen mehr (S. 357). Er kommt also wenigstens in den Randbereichen des Rechtsbegriffs nicht mit der bloßen „Richtigkeitsanmaßung" oder „Richtigkeitszumutung" (etwa S. 188, 407) aus.

hin. Derartige Abstraktionen vom materiellen Gehalt laufen in Grenzfällen auf positivistische Erklärungen hinaus[53].

Was ist nun der Gehalt? Hier kann es zweifelsohne nicht darum gehen, den Inhalt aller möglichen Rechtsnormen zu erfassen. Vielmehr soll nur die Grundlage, der gemeinsame Zweck, die wesentliche Aufgabe des Rechts genannt werden. Ohne daß der Versuch einer weiteren Ableitung unternommen würde, wird darunter die Gewährleistung der auf der menschlichen Würde Aller beruhenden Koexistenz verstanden[54]. Es geht also darum, das menschliche Zusammenleben zu sichern. Und Zusammenleben bedeutet nicht lediglich den Verzicht bzw. das Verhindern von Eingriffen in das nackte Leben. Es enthält immer schon grundlegende Wertungen[55], ist eben ausgerichtet an den die Menschenwürde ausmachenden Bedürfnissen, Freiheiten der einzelnen Existenzen, und zwar aller, hat den „aufrechten Gang"[56] der Menschen zum Ziel.

In der Aufgabe sind zugleich die Grenzen rechtlicher Regelungsbefugnisse enthalten: die zu sichernde Würde des Menschen enthält als wesentlichen Wert die Autonomie des Individuums[57].

Diese ist allerdings nicht etwa auf einen bloßen „Innenraum" zu begrenzen, sondern umfaßt durchaus die Sozialbeziehungen. Eine strenge Trennung von Innen- und Außenwelt erscheint nicht nur begrifflich-künstlich, sondern wegen der wechselseitigen Bedingung und Konstitution der menschlichen Empfindungs-, Bewußtseins-, Entscheidungssphären sogar verfälschend.

Die Dialektik von Zusammenleben und individueller Autonomie[58], von Selbstgerichtetheit und Sozialgerichtetheit der Person weist das

---

[53] Vgl. auch A. Kaufmann, Rechtsphilosophie, S. 228 f.

[54] Vgl. auch Engisch, Suche, S. 104 f.; Henkel, Rechtsgeltung, S. 63, 80 f.; Welzel, Gemeinschaftsordnung, S. 14 ff.

[55] In diesem normativen Sinn läßt das Recht sich daher auch — oder gerade — nicht mit den weitesten soziologischen Begriffen fassen wie z. B.: „social control" oder „facilitation of human interaction".

[56] Ernst Bloch, S. 14 u. a.

[57] Überspitzt formuliert Savigny, Bd. II, § 60, S. 2: „Alles Recht ist vorhanden um der sittlichen, jedem einzelnen Menschen innewohnenden Freyheit willen." Vgl. auch Bd. I, § 9, S. 24, § 52, S. 331 ff. Ausgewogener: Legaz y Lacambra, Les fonctions, S. 1, 6 ff., 8.

[58] Wenn Bagolini, S. 343 f., in einer Kritik an Welzel bemängelt, Begriffe wie Autonomie und Würde der Person ließen sich mit sehr unterschiedlichen, ja gegensätzlichen Inhalten füllen, so ist ihm zuzugeben, daß viele Streitfragen, insbesondere Grenzfragen (die, bildlich gesprochen, an den „oberen" Schichten dieser Begriffe liegen) von den jeweiligen Standpunkten aus unterschiedlich oder gar gegensätzlich entschieden werden und werden können. Er übersieht aber, daß es tiefere Schichten der Autonomie und der Menschenwürde gibt, die intensiver fordern und gerade in einer konkreten Situation nur eine ganz bestimmte Entscheidung zulassen. Dann sprechen

Programm für die Bestimmung des Rechts und der Grenzen des Rechts. Sie läßt zugleich erkennen, daß diese ebenso wie jenes normativer Art sind.

Angedeutet wird die Dialektik in Gegensatzpaaren wie: inneres — äußeres Verhalten (forum internum — forum externum)[59], Moralität — Legalität[60], „honestum" einerseits[61] und „decorum" bzw. „justum" andererseits[62], die vor allem zur Abgrenzung von Recht und Sittlichkeit[63] herangezogen werden. Nur stimmen derartige Merkmale nicht mehr, wenn man sie verabsolutiert. So läßt sich die Sittlichkeit bzw. Moral kaum wirklich auf ein rein inneres Verhalten reduzieren; ein Fehler, den Kant bei seiner auf die Berücksichtigung der Triebfeder abstellenden Unterscheidung zwischen Moralität und Legalität vermeidet, indem er zwar die rechtliche Gesetzgebung auf die äußeren Pflichten beschränkt, ohne aber zugleich das äußere Verhalten von der ethischen Gesetzgebung auszuschließen[64].

Richtig ist an diesen Differenzierungen hingegen eine Eingrenzung des Rechts auf die Bereiche des menschlichen Verhaltens, denen zwischenmenschliche, soziale Wirkungen eigen sind[65]. Das Recht nimmt

---

aber unter Umständen gerade die von ihm deutlich herausgestellten Pluralismus und Wandelbarkeit (etwa S. 327 f., 332 ff., 336 f.) für ein Zurückstehen des Rechts hinter der selbstverantwortlichen Entscheidung der autonomen Person.

59 Thomasius, Buch I, Kap. V, § 17; vgl. auch Dabin, Théorie, S. 109 ff. (Nr. 93 ff.); Engisch, Suche, S. 85; ders., RR, S. 386, 394, 407, 413 f. m. w. N.; Henkel, Rechtsphilosophie, S. 136 ff., ablehnend u. a. Schmitz, S. 656 f.

60 Kant, Metaphysik der Sitten, S. 323 ff.

61 Dazu Engisch, Suche, S. 87 f.; Henkel, Rechtsphilosophie, S. 136 ff.

62 Thomasius, Buch I, Kap. IV, § 90, Kap. V, § 21, Kap. VI, § 32 ff., besonders 40 ff.; dazu Engisch, Suche, S. 86 m. w. N.

63 Dazu im Hinblick auf den strafrechtsfreien Raum: Fehsenmeier, S. 37 ff.

64 Metaphysik der Sitten, S. 323 ff.; dazu u. a. Henkel, Rechtsphilosophie, S. 136 ff.

Die zur Unterscheidung von Recht und Sittlichkeit bzw. Moral usw. entworfenen Bilder, Klassifizierungen, Schemata entspringen regelmäßig einer einseitigen Perspektive und können die ganze Komplexität des Verhältnisses nicht richtig wiedergeben. Vgl. z. B. die konzentrischen Kreise Austins, Lect. V, FN (i), S. 199, von denen der des Rechts enger ist als die des göttlichen Rechts bzw. der positiven (menschlichen) Moral.

65 Was allerdings nicht — wie bei Stammler, Rechtsphilosophie, S. 74 ff., 79 f. — einer Beschränkung auf die formale Seite des Sozialen gleichkommt; denn das Zusammenleben beinhaltet schon immer eine Wertung. Die soziale Zielsetzung und Grenzziehung geht über die bloße Konfliktlösung hinaus. — Vgl. aber Engisch, RR, S. 422, der die Bindung an Gemeinschaftsinteressen mit der Regelung von Konflikten gleichsetzt; weitere Nachweise a.a.O., FN 1. — Insbesondere läßt das Recht sich nicht auf die negative Funktion der Abwehr von Verletzungen, des „neminem laedere" reduzieren. (So vor allem Schopenhauer, § 17, S. 744 ff.; vgl. auch Fehsenmeier, S. 53, der aus seiner einseitig strafrechtlichen Sicht auf die bloß erhaltene, insofern negative Tendenz des Rechts abstellt.) Vielmehr darf das Recht durchaus eigene Zwecke verfolgen, etwa sozialpolitische Ziele setzen.

Bezug nicht unbedingt auf ein anderes Verhalten als die Moral, aber doch ausschließlich auf die „Außenaspekte“ des möglicherweise selben Verhaltens. Nicht, daß es keinerlei innere Momente berücksichtigen dürfte. Das geschieht, vor allem im Strafrecht, sogar recht häufig[66]. Es knüpft aber an den Außenwirkungen an und schaut von da nach innen[67]. Abzulehnen ist demgegenüber das umgekehrte Vorgehen, das den sittlichen bzw. moralischen Systemen vorbehalten ist, anderenfalls das zwischenmenschlich orientierte Recht sich in ein Gesinnungsrecht verkehren würde.

Diese Außenwirkung, besser: soziale Wirkung, ist insofern für die Bestimmung rechtsfreier Räume von entscheidender Bedeutung, als sie hinsichtlich der Befugnisse und Grenzen des Rechts normativen Charakter entfalten. D. h., mangels ausreichenden sozialen Bezugs fällt ein Sachverhalt in den rechtlichen Regelungen verschlossenen rechtsfreien Raum.

4. Das Zusammenspiel der Elemente im Rechtsbegriff

Das Recht steht im Spannungsfeld der drei Elemente: einer inhaltlichen Zwecksetzung, einer Anerkennung durch die Rechtssubjekte, die im demokratischen Rechtsstaat im Gesetzgebungsverfahren formalisiert ist, und einer grundsätzlichen Durchsetzbarkeit seiner Normen, wobei unterschiedliche Durchsetzungsmechanismen zur Verfügung stehen[68].

---

66 Siehe unten Kapitel III.

67 Vgl. Natorp, S. 15; Dabin, Théorie, S. 111 ff. (Nr. 96 ff.) m. w. N., insbesondere S. 114 (Nr. 99); A. Kaufmann, Rechtsphilosophie, S. 239 m. w. N.

68 Vgl. auch Henkel, Rechtsgeltung, S. 63 ff., 82, der von mehreren Dimensionen der Rechtsgeltung spricht, namentlich der faktischen Geltung (Wirksamkeit, S. 64 ff.), der verfassungsmäßigen Geltung in der Stufenordnung der Normen (S. 69 f.), der existentiellen Geltung, die insbesondere in der Positivierung zutage tritt (S. 70 ff.), sowie schließlich der normativen Geltung (Verbindlichkeit, S. 73 ff.). Hier erscheint allerdings die normative Geltung entscheidend, aus deren Perspektive das Geltungsproblem, das Problem des Rechtsbegriffs und damit auch das Problem des rechtsfreien Raumes zu erschließen ist. Denn Recht wie auch rechtsfreier Raum sind immer schon normative Begriffe. Wenn man von einer rein faktischen Rechtsgeltung spricht, so gewinnt das Wort Recht darin einen anderen Sinn, nämlich den einer tatsächlich, empirisch, soziologisch wirksamen Normenordnung, die ebensogut eine rechtlich unverbindliche aber zur Zeit wirksame totalitär-tyrannische Ordnung wie eine wirkliche „Rechts“-ordnung sein kann. Die verschiedenen Dimensionen rühren somit von verschiedenen Bedeutungsgehalten des Wortes Recht her.

Freilich vereinigt auch der hier zugrundegelegte normative Rechtsbegriff einige der bei Henkel unter den unterschiedlichen Dimensionen angeführten Elemente. So finden sich die Momente der Durchsetzbarkeit bei ihm unter der faktischen Geltung sowie dort, wo er das Verhältnis von faktischer und Normgeltung beleuchtet (S. 81 f.), die „formalisierte“ Anerkennung in seinen Ausführungen zur verfassungsmäßigen und zur existentiellen Geltung (Posi-

Wie wirkt sich nun der Mangel inhaltlicher Zwecksetzung aus? Wie ist eine Norm zu beurteilen, die keine Notwendigkeit des Zusammenlebens zum Gegenstand hat? Die Abgrenzung fällt im einzelnen schwer, weil Begriffe wie „Zusammenleben" und vor allem „Notwendigkeit" nicht exakt absteckbar sind, sondern Wertungen unterliegen, insbesondere einer Abwägung zwischen den sozialen und den individuellen Bedürfnissen, Rechtsgütern, Werten. Hier wird sich in Grenzfällen kaum ein Konsens herstellen lassen. Inwieweit sind etwa Normen gerechtfertigt, welche die ästhetische Gestaltung von Häusern betreffen[69]? Schon die Frage, ob diesbezüglich überhaupt einheitliche Regeln aufgestellt werden dürfen oder auch nur sollen, wird unterschiedlich beurteilt, von der konkreten Ausgestaltung ganz zu schweigen.

Es kommt hinzu, daß in manchen Bereichen, wie z. B. gelegentlich im Straßenverkehr, das „Was" der Regelung gegenüber dem „Daß" völlig in den Hintergrund tritt. Nach einer bestimmten Regelung besteht dann kein Bedürfnis. Um so größer kann hingegen die Notwendigkeit sein, daß überhaupt eine einheitliche Ordnung geschaffen wird[70].

Läßt sich nun keine besondere Notwendigkeit feststellen, so entfällt damit noch nicht automatisch die Rechtsgeltung. Vielmehr geht im allgemeinen die durch das Gesetzgebungsverfahren sich ausdrückende Anerkennung, d. h. die Positivierung der entsprechenden Norm vor. Anders verhält es sich nur, wenn die Norm entweder schon inhaltlich den Aufgaben des Rechts (Radbruch: der Gerechtigkeit) kraß widerspricht[71], oder wenn die Tatsache der Regelung als solche einen uner-

---

tivierung), inhaltliche Kriterien schließlich vor allem bei der Verbindlichkeit bzw. Normgeltung (S. 80 f.).

R. Schreiber, S. 58 ff., stellt der faktischen und der verfassungsmäßigen Geltung die ideelle Geltung an die Seite, die er ausdrücklich auf den jeweiligen Autor bezieht, dessen Vorschlag zur Lösung von Interessenkonflikten sie kennzeichnet. Die ideelle Geltung ist damit völlig relativiert, so daß sie ebensowenig wie die auf den jeweiligen Sanktionsapparat bezogene faktische Geltung und die auf die jeweilige Verfassung bezogene verfassungsmäßige Geltung den elementaren inhaltlichen Momenten zum Durchbruch verhelfen kann. Auch bei Schreiber liegen den verschiedenen Geltungsbegriffen letztlich verschiedene Rechtsbegriffe zugrunde.

[69] Vgl. z. B. OVG Münster E 14, 355 ff.

[70] Schmitz (S. 192 f., 620 m. w. N.) spricht hier von „Randnormen". Zu der Frage, inwieweit allein die Tatsache der Regelung schon „Zweck" ist, „Gerechtigkeitsgehalt" hat, vgl. etwa die Kontroverse Villey, définition, S. 60 ff. — Dabin, définition, S. 208 ff.; auch Henkel, Rechtsphilosophie, S. 139; ders., Rechtsgeltung, S. 63, 83 f.

[71] Radbruch, Rechtsphilosophie, S. 345 f. Vgl. auch BVerfGE 3, 225, 230 ff.; 23, 98, 106 f.; BGHSt 2, 237; weiterhin BVerfGE 3, 58, 119; 6, 132, 198; grundsätzlich a. A.: OLG Hamburg, SJZ 48, Sp. 35, 37, mit kritischer Anmerkung Erdsiek. Aus der Literatur u. a.: Engisch, Einführung, S. 172, sowie die zahlreichen Nachweise in Anm. 232; Welzel, Grenzen, S. 5; Henkel, Rechtsgeltung, S. 63, 83 ff., vor allem S. 84 m. w. N.; ders., Rechtsphilosophie, S. 455 ff. m. w. N.; Germann, S. 21 f. m. w. N.

träglichen (und das heißt zugleich: im Hinblick auf ihre soziale Zwecksetzung unverhältnismäßigen) Eingriff in die Autonomie einzelner Betroffener darstellt, wenn es sich also um einen Sachverhalt handelt, der keine heteronome Setzung und Durchsetzung zuläßt, nämlich um einen rechtsfreien Raum.

Entscheidend ist die normative Kraft der Gegenseite, die Eindringlichkeit, mit welcher entweder ein anderer zu schützender Wert, eine andere (praepositive) Norm oder aber die Freiheit von jeder rechtlichen Regelung Geltung beanspruchen.

Genausowenig wie die bloße Anerkennung — in welcher Form auch immer — eine Norm, sei es sittlicher oder sonstiger Art, zur Rechtsnorm erhebt, geschieht dies allein dadurch, daß jene (eventuell mit Zwang) durchgesetzt wird. Von der faktischen Wirksamkeit kann noch nicht mit Sicherheit auf die rechtliche Geltung geschlossen werden[72]. Vielmehr läßt sich die Frage, welche Werte, welche Forderungen rechtlich zu sanktionieren, durchsetzbar zu gestalten sind, also zu Rechtswerten, Rechtsforderungen zu erheben sind oder erhoben werden können, nur von dem jeweiligen Verhältnis von Inhalt und Anerkennung her lösen[73]. Dabei können — grob skizziert — vier Gruppen hervorgehoben werden[74], nämlich:

1. die Inhalte, die aus dem Gesichtspunkt der menschenwürdigen Koexistenz eine Durchsetzung unbedingt erfordern, also die durchsetzbaren und (normativ) durchzusetzenden,
2. die schlicht durchsetzbaren, weil anerkannten, die eben bei entsprechender Anerkennung bzw. Positivierung eine Durchsetzung zulassen,
3. die empirisch undurchsetzbaren, denen einfach (bisher) jeder Durchsetzungsmechanismus fehlt, und
4. die normativ undurchsetzbaren, deren rechtliche Durchsetzung sich verbietet.

Aus der Perspektive der Durchsetzbarkeit scheiden also von vornherein bestimmte Inhalte als (mögliche) Rechtsinhalte aus: die rechtsfreien Räume.

Was bedeutet der Mangel an Anerkennung für eine Norm? Ohne jede Anerkennung „als rechtsverbindlich" durch faktisch maßgebliche

---

[72] Dazu oben Kapitel II 1.

[73] Wie auch der Inhalt die Art der Durchsetzung oder gar Zwangsanwendung beeinflußt. Vgl. z. B. §§ 887 f. ZPO.

[74] In Ergänzung der vorhergehenden Einteilung, Kapitel II 1.

Kreise kann eine Norm nicht zur Rechtsnorm werden[75]. Regelmäßig — wenigstens im demokratischen Rechtsstaat — ist jedenfalls für Gesetzesnormen sogar eine mehrheitliche Anerkennung erforderlich. Diese (demokratische) Anerkennung konstituiert also die Rechtsnatur der Sätze, welche der heute bedeutsamsten Rechtsquelle entspringen: der Gesetzgebung. Sie ist nur entbehrlich, soweit grundlegende Normen des Zusammenlebens und der Menschenwürde (wie etwa das Tötungsverbot, das Verbot der Folterung, usw.) in Frage stehen. Diese sind auch ohne Anerkennung Recht. Das Tötungsverbot etwa, selbst wenn der Mord an einer Minderheit praktiziert und allgemein gutgeheißen wird, bleibt auch dieser Minderheit gegenüber Recht, und zwar durchsetzbares und durchzusetzendes Recht.

Ein in keiner Weise durchsetzbarer Zweck kann nicht Gegenstand einer Rechtsnorm sein. Eine zeitweise oder teilweise faktische Undurchsetzbarkeit oder Nichtdurchsetzung hingegen berauben eine Norm nicht ohne weiteres der Rechtsgeltung. Eine auf Dauer mehr oder weniger vollständig undurchsetzbare Norm wird sich nicht lange halten, insbesondere, wenn der Mangel einen ganzen Regelungskomplex trifft. Das Recht verträgt keine einschneidende und andauernde Spaltung zwischen faktischer Wirksamkeit und normativer Geltung[76]. Beeinträchtigungen der faktischen Geltung schlagen auf die Sollensgeltung zurück, indem sie sowohl ein Indiz dafür hergeben, daß der Norm weitgehend die Anerkennung versagt wird, als auch Zweifel daran begründen, ob diese bei ihrer nur gelegentlichen Anwendung noch mit dem Gleichheitssatz zu vereinbaren ist. Vor allem: Je mehr eine Rechtsnorm an Durchsetzbarkeit verliert, desto weniger kann sie ihrem Zweck gerecht werden, für einen bestimmten Lebenssachverhalt das Zusammenleben in bestimmter Weise zu gewährleisten. Mit der Durchsetzbarkeit wird ihr zugleich ihr Zweck entzogen.

5. Folgerungen für den rechtsfreien Raum

Der Annäherungsversuch an den Rechtsbegriff brachte für einen normativ verstandenen rechtsfreien Raum folgende Ergebnisse: Die Rechtsfreiheit eines Sachverhaltes läßt sich nicht daraus ableiten, daß dieser tatsächlich noch nicht rechtlich erfaßt ist, daß er etwa keine „Vorzeichnung" in Form von Rechtsnormen kennt, oder daß es even-

---

[75] Insofern ist die Anerkennung schon mitkonstitutiv für die Durchsetzbarkeit. Vgl. Henkel, Rechtsgeltung, S. 67 f. Wenn hier auch vielfältige Wechselbeziehungen bestehen, so erscheint doch die begriffliche Trennung dieser beiden als selbständige Elemente des Rechtsbegriffs deshalb gerechtfertigt, weil die bloße Durchsetzbarkeit, die reine Zwangsanwendung sich doch weitestgehend von der Anerkennung der Betroffenen, insbesondere von einer demokratisch-mehrheitlichen Anerkennung entfernen kann.

[76] Henkel, Rechtsgeltung, S. 63, 81.

tuell bestehenden Normen an einzelnen oder allen Durchsetzungsmöglichkeiten fehlt[77]. Vielmehr ist gerade umgekehrt die Undurchsetzbarkeit normative Folge eines rechtsfreien Raumes. D. h., innerhalb seiner Grenzen darf keine Durchsetzung mit staatlich organisierten Mitteln erfolgen. Mehr noch: Dem Staat steht keine Regelungsbefugnis zu. Er hat sich nicht nur der Durchsetzung, sondern schon der Setzung, der Vorzeichnung zu enthalten, jedenfalls, soweit darin eine „Richtigkeitsanmaßung" und „-zumutung" enthalten ist.

Auch ist eine empirisch festgestellte Nichtanerkennung oder gar Ablehnung der bloßen Regelungstatsache (nicht des Norminhaltes) kein entscheidendes Merkmal eines rechtsfreien Raumes. Die rechtsfreien Räume finden sich nicht in dem Mittelbereich des Rechts, dort, wo eine Norm durch Positivierung zur Rechtsnorm wird, wo die Anerkennung (als im Gesetzgebungsverfahren formalisierte Anerkennung) rechts-konstitutive Wirkung hat. Sie machen vielmehr die Grenzen des Rechts aus, und zwar die normativen Grenzen, die sich nicht durch formale, sondern nur durch inhaltliche Kriterien bestimmen lassen.

Die Kriterien verweisen auf die Dialektik von Unantastbarkeit der existentiellen Integrität des einzelnen und Notwendigkeiten des Zusammenlebens auf der Grundlage der Menschenwürde[78]. Demzufolge tun rechtsfreie Räume sich dort auf, wo die Erfordernisse des Zusammenlebens zurücktreten hinter dem Gegengewicht, das der Aufgabe des Rechts Grenzen setzt: der Autonomie des Individuums.

Das ist, wie gesagt, eine Frage von Wertungen und Abwägungen. Auf der einen Schale liegt die Autonomie der sittlichen Persönlichkeit, die Forderung nach Selbstbestimmung. Sie trägt der Unmöglichkeit Rechnung, das Recht in völliger Harmonie in jedem einzelnen seiner Subjekte zu verankern. Jedes Recht ist notwendigerweise zugleich heteronom[79]. Selbst wenn das Rechtssubjekt eine Norm verinnerlicht, sich zueigen macht, ist die Norm doch davon unabhängig, enthält die Möglichkeit der Heteronomie in Setzung und Durchsetzung.

Nimmt man den Menschen als selbstverantwortliches Individuum ernst, so ist die Anmaßung der von außen an ihn herangetragenen Vorschrift auf das Notwendige zu beschränken[80].

---

[77] Siehe oben Kapitel I 3. c).

[78] Siehe oben Kapitel II 3.

[79] Ähnlich der Sitte. Dazu Henkel, Rechtsphilosophie, S. 122; siehe auch oben Kapitel II 2.

[80] Deshalb sagt man, das Recht müsse sich auf das „ethische Minimum" und auf die „Grundzüge der Sozialinstitutionen beschränken" (Welzel, Grenzen, S. 31 m. w. N.). Stoyanovitch sieht gar in dem Verhältnis: Minimum — Maximum den entscheidenden Unterschied zwischen Recht und Moral (S. 378). Vgl. auch oben Kapitel II 1. Fn. 22.

Dieses Notwendige macht das Gegengewicht aus: die Garantie, Ermöglichung, Förderung der menschenwürdigen Existenz Aller. Das impliziert aber wiederum die Gewährleistung der Autonomie, der sittlichen Selbstbestimmung gegenüber allen Versuchen, sie einzuschränken[81]. Die Autonomieforderung erscheint also auf beiden Waagschalen, nämlich sowohl auf der rechtsbegrenzenden, dort, wo eine in den Eigenbereich eingreifende Regelung verhindert werden muß, als auch auf der willkürbegrenzenden, dort nämlich, wo das Recht selbst verhindern muß, daß andere Kräfte zu weit eingreifen.

[81] Diesen Gehalt des Rechts, die Freiheit vom Recht als Rechtszweck, übersieht Kelsen, wenn er behauptet, „niemand (habe) einen rechtlich irgendwie qualifizierbaren Anspruch auf Freiheit vom Staat ...", Allgemeine Staatslehre, S. 154. Vgl. weiterhin unten Kapitel XI 1. und Schlußkapitel.

Kapitel III

Der ausreichende Sozialbezug

Wie erweist sich nun entweder der eine rechtliche Regelung legitimierende ausreichende soziale Bezug[1] oder aber das einen rechtsfreien Raum begründende Übergewicht individueller Autonomie? Hier muß auf die jeweiligen Betroffenheiten, auf die jeweiligen Auswirkungen des fraglichen Sachverhaltes einerseits, der (potentiellen) rechtlichen Regelung andererseits abgestellt werden.

Gibt es überhaupt ein Verhalten, ein menschliches Tun oder Unterlassen, das keinerlei Sozialbezug aufweist, das niemanden anders als sein Subjekt betrifft?

Inwiefern reichen Gedanken, Empfindungen, Gefühle, Motivationen, eine Gesinnung oder ein bloßes Wollen[2] über ihr Subjekt hinaus, in den sozialen, gar in den rechtlich relevanten Raum? Vor allem im Strafrecht findet sich eine Reihe von Bestimmungen, die — wie etwa § 211 StGB — an derartige Momente anknüpfen. Ja, je mehr ein Strafrecht auf persönlicher Vorwerfbarkeit, auf Schuld aufbaut, desto weiter dringt es in diesen Bereich der „Innenwelt"[3] ein[4]. Der Satz, Gedanken seien zollfrei, trifft uneingeschränkt jedenfalls nicht zu. Die Behauptung, das Recht als „äußere" Verhaltensordnung habe keinen Einfluß auf das Innenleben von Gedanken, Empfindungen, Wert- und Richtigkeitsvorstellungen usw.[5], ist nur in Grenzen richtig. Denn zum einen kann eine Norm schon durch das Vorhandensein ihrer Wertungen und Imperative wie auch durch ihre Zwangsdrohungen und -anwendungen Gedanken, Gesinnungen usw. erheblich beeinflussen[6], allerdings auch solche Gedanken, die sie unterdrücken will,

---

[1] Vgl. oben Kapitel II 3. S. 35.

[2] Vgl. dazu Dabin, Théorie, S. 112 ff. (Nr. 97 ff.).

[3] Engisch, RR, S. 394, 407.

[4] Vgl. auch die weiteren Nachweise bei Engisch, RR, S. 394, FN 3; Dabin, Théorie, a.a.O.; Henkel, Rechtsphilosophie, S. 363 f.

[5] Dazu Engisch, RR, S. 386.

[6] Mit den zynischen Worten Mussolinis: „Zwang erzeugt Zustimmung", zitiert nach Engisch, RR, S. 395. Die Trennung der sittlichen Entschließungsfreiheit von den realen Bedingungen der Freiheit ist eine zu einfache, einseitig-begriffliche, ja falsche Lösung. Sie übersieht nicht nur die menschliche Schwäche gegenüber der Zwangsanwendung, sondern auch, daß die realen Bedingungen schon Grundlage der Entschließung sind.

möglicherweise gerade hervorrufen oder fördern[7]. Zum anderen kann sie faktisch durchaus an solche Gedanken, Glaubensinhalte etc. anknüpfen, wenn auch nicht sie erzwingen, so doch entgegenstehende Überzeugungen bewerten und mit Sanktionen belegen.

Aber hier geht es nicht darum, inwieweit die „Innenwelt" nach der einen oder anderen mehr oder weniger einseitig abstrahierenden und verabsolutierenden Theorie, die das Recht als Inbegriff von Imperativen (Geboten oder Verboten), Wertungen, hypothetischen Sollenssätzen usw. begreift, Gegenstand von Rechtsnormen sein kann[8], sondern um die normative Frage, inwieweit das Recht die „Innenwelt" erfassen darf, inwieweit es also bestimmte Gedanken, Empfindungen, Gesinnungen, Willensrichtungen usw. fordern darf, mit „Richtigkeitszumutung" werten darf, entsprechende Abweichungen negativ sanktionieren darf.

Nun kann hier unmöglich die rechtliche Relevanz aller inneren Momente abgehandelt werden. Nur soviel läßt sich feststellen: Ein rechtliches Eingreifen ist erst dann zulässig, wenn diese Momente nicht „innen bleiben", sondern ans Tageslicht der sozialen Welt treten, wenn sie Außenwirkung haben.

Aber auch dann ist selbstverständlich nicht jede Regelung legitimiert, kann das „Innenleben" nicht in umfassender, „totalitärer" Weise reglementiert werden. Vielmehr müssen Intensität und Weite des Eingriffs dem quantitativen und qualitativen Grad der sozialen Wirkung sowie der „Würde" der jeweils Betroffenen einschließlich ihrer Autonomieforderungen entsprechen. So sind dem Recht bei einer Meinungsäußerung engere Grenzen gesetzt, diese ist von einem weiteren Freiheitshof umgeben als die Verwirklichung, die Umsetzung einer Meinung in die Wirklichkeit. Und die Äußerung im engsten Kreise, etwa innerhalb der Familie, ist nicht in demselben Umfang erfaßbar wie eine öffentliche Äußerung (z. B. Beleidigung)[9].

Von daher läßt sich auch der Einbezug von Beweggründen und Gesinnungen etwa in strafrechtliche Tatbestände erklären. Die „niedrigen Beweggründe" des § 211 StGB sind Beweggründe, die sich geäußert haben, die am Ursprung einer Handlung stehen, deren soziale Wirkung nicht zu bezweifeln ist. Die Schuld ist ein Faktor, der die Wirkung herbeiführt, die Rechtsverletzung zum Durchbruch kommen läßt: ohne Schuld, ohne vorsätzliches oder doch wenigstens fahrlässiges, und d. h. vermeidbares und zu vermeidendes, Verhalten wäre der konkrete Erfolg nicht eingetreten. Strafrechtlich relevant werden

---

[7] Engisch, RR, S. 395, 407 m. w. N.

[8] Dazu Engisch, RR, S. 402 ff.; Fehsenmeier, S. 69 ff.

[9] Vgl. statt aller Schönke / Schröder, 17. Auflage, § 185, Rdn. 8 m. w. N.

innere Momente also immer erst in Verbindung mit einem sozialbezogenen Verhalten[10].

Die „reine Gedankenschuld", die sich nicht äußert, der keinerlei Verwirklichungstendenz eigen ist, ist zweifellos straf-, ja rechtsfrei. Zeigt sie aber eine konkrete Verwirklichungstendenz, und ist diese sozialschädlich, so dürfen auch hinsichtlich der inneren Momente Vorschriften gemacht werden, dürfen diese etwa negativ bewertet, darf vom Recht ihre Unterdrückung, jedenfalls die Unterdrückung ihrer Verwirklichungstendenz gefordert und sanktioniert werden. Der Versuch, auch der untaugliche Versuch, ist deshalb nicht mehr rechtlich irrelevant.

Handelt es sich bei der Selbsttötung um ein Handeln ohne soziale Auswirkungen? Auch hier wird bei näherer Betrachtung deutlich, daß die Selbsttötung keineswegs ohne jede Außenwirkung ist[11], ja für Angehörige, für Abhängige von großer Bedeutung sein kann. Ob sie deshalb schon rechtlich relevant ist oder nicht, darüber entscheidet schließlich die Abwägung zwischen den Möglichkeiten der Fremdbetroffenheit und der Forderung nach Selbstbestimmung[12].

Sachverhalte ohne jeden Außenbezug sind durchaus denkbar, doch ist ihre Abgrenzung äußerst schwierig. Sie sind zudem für die Bestimmung eines rechtsfreien Raumes ohne praktischen Wert. Hierfür kommt es nicht darauf an, zwischen „nicht-sozialen" und „nicht ausreichend sozialen" Verhaltensweisen zu unterscheiden, sondern lediglich auf die Außengrenze, nämlich darauf, ob der soziale Bezug ausreicht für eine Regelungsbefugnis, ob er eine Rechtsnorm legitimieren kann oder nicht[13].

---

[10] Dazu aus der Sicht des strafrechtsfreien Raumes: Fehsenmeier, S. 42 f., 82 ff. m. w. N.

[11] Engisch, RR, S. 394.

[12] Danach kann freilich kaum ein Zweifel am Überwiegen der letzteren bestehen.

Zur Selbsttötung im Hinblick auf den strafrechsfreien Raum vgl. auch Fehsenmeier, S. 217 ff., der sich aber — seinem strafrechtlichen Ansatz entsprechend — auf die Unmöglichkeit rechtlicher Beurteilung und die Zwecklosigkeit der Strafe beschränkt (vgl. dazu auch unten Kapitel IX 2. a)). Weiterhin Gallas, Strafbares Unterlassen, S. 652 ff.; ders., Beiträge zur Verbrechenslehre, S. 180, vor allem Anmerkung 43, weitere Nachweise, S. 175, Anm. 21; A. Kaufmann, RR, S. 322; Kohlhaas, S. 548 ff.

[13] Vgl. auch BVerfGE 6, 389, 433: „... ob der Sozialbezug der Handlung intensiv genug ist." Das BVerfG vergißt aber, die andere Seite, die Forderung nach Selbstbestimmung ihrer Intensität nach zu messen. Das gerade aus der Sicht einer solchen Abwägung unhaltbare Urteil erklärt sich aber vor allem daraus, daß die Wertung der Betroffenheiten (und die dazu eingeholten Sachverständigengutachten) durch ein auf die Anschauungen des Volkes gestütztes Sittengesetz überspielt werden. Vgl. weiterhin unten Kapitel XI 4. c).

Siehe auch BGHSt 6, 147, 153, der mit der Mißbilligung der Selbsttötung durch das Sittengesetz argumentiert. Zum Widerspruch gegen diese Entscheidung vgl. u. a. Engisch, Methoden, S. 71 f.

Auch soziale Verhältnisse können rechtsfrei sein[14]. Die bloße Tatsache, daß mehr als eine Person betroffen ist, reicht nicht aus, um den Übergang vom rechtsfreien Raum zu rechtlich relevanten Bereichen zu kennzeichnen. Es muß zudem für die Beteiligten etwas auf dem Spiel stehen, sie müssen in ausreichendem Maße betroffen sein.

Es genügt also auch in qualitativer Hinsicht nicht jede Betroffenheit, so z. B. nicht die Betroffenheit eines Mitspielers an einem unverbindlichen und risikolosen Spiel ohne Einsatz. Ein gutes Beispiel für den recht fließenden Übergang von nicht ausreichenden zu ausreichenden Betroffenheiten bieten die möglichen Varianten eines sportlichen Wettspiels, etwa eines Fußballspiels. Das Spiel einer Gruppe von Freunden bzw. Bekannten ist in dem Sinne rechtsfrei, als der Staat keine verbindlichen Regeln aufstellen kann, welche Spiele in der Freizeit zu spielen sind, nach welchen Regeln ein Fußballspiel sich zu richten hat, usw. Die Regeln sind durchaus abänderbar, stehen ganz und gar zur Disposition der Spielenden. Auch die Wahl des Ortes, der Zeit, der Teilnehmerzahl etc. bleibt im Rahmen der allgemeinen Grenzen (Verbot, auf der Autobahn zu spielen) den Beteiligten überlassen. Anders verhält es sich schon bei „offiziellen" Spielen. Hier werden allgemeinverbindliche Regeln aufgestellt, zwar nicht vom Staat, aber von den regionalen, nationalen oder internationalen Verbänden. Der Staat selbst kann und muß gegebenenfalls Ordnungsmaßnahmen ergreifen zur Gewährleistung der Sicherheit bei der Durchführung solcher Spiele. Denn nun ist ein entschieden weiterer Personenkreis betroffen, die Gefahren für den einzelnen und die Allgemeinheit sind erheblich vielfältiger als bei Spielen in kleinerem Rahmen. Vollends die Finanzierung eines Stadionbaus verdeutlicht, daß hier alles andere als ein rechtsfreier Raum vorliegt.

Die Übergänge werden auch sichtbar an den Spielen, die unter § 762 BGB fallen. Hier ist ein „Geschäftserfolg" gewollt. Es steht etwas auf dem Spiel. Rechtspolitische Erwägungen, nicht etwa die Annahme eines rechtsfreien Raumes, haben den Gesetzgeber dazu bestimmt, diesen Spielen die rechtliche Verbindlichkeit zu versagen. Dementsprechend sind auch besonders gefährliche Spiele grundsätzlich verboten, etwa durch gewerberechtliche Vorschriften. Andererseits — und auch das ist ein Indiz dafür, daß keine rechtsfreien Räume betroffen sind — nehmen z. B. Art. 1966 des französischen Code Civil, Art. 1934 des italienischen Codice Civile und Art. 1800 des spanischen Código Civil die Geschicklichkeitsspiele von der Regel der Unverbindlichkeit und Unklagbarkeit aus.

---

[14] Vgl. auch Larenz, Methodenlehre, S. 355. Anscheinend anders (dem Wortsinn zufolge) Dabin, Théorie, S. 121 ff., (Nr. 106, 108).

Kapitel IV

Rechtsfreier Raum und privatautonome Rechtsetzung (insbesondere am Beispiel der Gefälligkeitsverhältnisse)

1. Gefälligkeit und Rechtsverbindlichkeit

Die Übergänge von rechtsfreien Räumen zu rechtlich relevanten Bereichen sowie die Relativität der rechtsfreien Räume werden weiterhin deutlich am Beispiel der sogenannten „Gefälligkeitsverhältnisse“[1].

Unter dem Begriff erscheinen die unterschiedlichsten Tatbestände, die sich keineswegs alle als „rechtsfreie Bereiche“ apostrophieren lassen[2]: z. B. die Gefälligkeiten des täglichen Lebens, die rein gesellschaftlichen Gefälligkeiten, die Gefälligkeiten im familiären, freundschaftlichen und kameradschaftlichen Bereich[3], die gentleman-agreements[4] und schließlich die „Gefälligkeitsverträge“, die echte, schuldrechtlich bindende Verträge sind und nur in ihrer Entstehung auf einer Gefälligkeit beruhen[5]. Diese unter ganz unterschiedlichen Gesichtspunkten zusammengefaßten Gruppen[6] sollen nun nicht im einzelnen auf ihre rechtlichen Qualitäten hin untersucht werden.

---

[1] Ein ausführliches Schrifttumsverzeichnis zu Gefälligkeitshandlungen und Gefälligkeitsverträgen findet sich bei Staudinger / Weber, II. Bd., Teil 1 a, Einl. (vor §§ 241 ff.), Rdn. J 16, Fußnote (S. 111 f.). Vgl. auch die Literaturhinweise bei Reuss, S. 485 ff.

[2] So aber Fikentscher, § 7, 3, S. 26 f., der die Gefälligkeit enger faßt, nämlich als Gegenbegriff zum Schuldverhältnis. Allerdings bleibt die Terminologie dann nicht einheitlich, wenn er nach den Auslegungskriterien fragt, mittels derer festzustellen ist, „ob und inwieweit eine erwiesene Gefälligkeit rechtsgeschäftlichen Charakter hat“ (S. 27).

[3] Hierher rechnet Soergel / Reimer Schmidt, § 241, Rdn. 3, sogar die in einem gerichtlichen Vergleich gemachte Zusage, die nach jüdischem Ehescheidungsritus erforderlichen Handlungen vorzunehmen. Dabei dürfte es sich aber wenigstens in dem der RG-Entscheidung (RGZ 57, 250 ff.) zugrunde liegenden Fall wohl kaum um eine „Gefälligkeit“ gehandelt haben, wenn man bedenkt, daß diese Zusage primär vermögensrechtliche Ziele verfolgte (RGZ 57, 258).

[4] Soergel / Reimer Schmidt, a.a.O.; von anderen, etwa Staudinger / Weber, a.a.O., Rdn. J 6 (S. 107) m. w. N., werden sie gerade gegen die Gefälligkeiten abgesetzt.

[5] Reuss, S. 499: „Verträge aus Gefälligkeit“. Hier ist die Gefälligkeit als Motiv zu verstehen; Reuss, a.a.O.; vgl. auch Staudinger / Weber, a.a.O., Rdn. J 16 (S. 111 ff.); Kost, S. 23 ff., will die Gefälligkeit allgemein vom Motiv her definieren.

Hier kann es nur darum gehen, ob und wann eine „Gefälligkeit" rechtsfrei ist, ohne daß die Illusion eines absoluten und mit geringem begrifflichen Aufwand tatbestandlich zu erfassenden rechtsfreien Raumes geweckt werden sollte. Eine Gefälligkeit etwa, die auf keinerlei Leistungspflichten beruht und auch keine solchen erzeugt, insofern also rechtsleer oder gar rechtsfrei ist, entbehrt deshalb keineswegs jeder rechtlichen Konsequenz, sobald die Folgen eines Deliktes in Frage stehen[7]. Die Beurteilung aber, ob eine Pflicht besteht oder nicht, ob aus einem „Gefälligkeitsverhältnis" bestimmte Leistungs-, Obhuts-, Sorgfaltspflichten[8] etc. und entsprechende Ansprüche fließen oder nicht, ob eine Zusage etwa verbindlichen oder unverbindlichen Charakter hat, macht die Schwierigkeiten der Abgrenzung und die Unmöglichkeit, eine einfache, begrifflich klare Grenzziehung vorzunehmen, deutlich genug.

Wenn hier von dem Grad bzw. der Abwägung der jeweiligen Betroffenheiten ausgegangen wird, so kann das nur eine — allerdings richtungweisende — Chiffre für eine Wertung sein, die auf einer Vielzahl von Kriterien und Einzelwertungen basiert.

Der von Rechtsprechung und Lehre als übergeordnetes Kriterium bezeichnete „Rechtsbindungs-" oder „Rechtsfolgewille"[9] weist auf das in diesem Zusammenhang entscheidende Problem hin: nämlich auf die Frage, ob und inwieweit der einzelne bzw. die einzelnen Betroffenen über den Rechtscharakter eines Verhältnisses disponieren können. Unterliegt der rechtsfreie Raum der freien Verfügung des Individuums? Kann dieses dort, wo eine Rechtsetzung und -durchsetzung von außen her nicht mehr zulässig ist, wo Gesetzgebung und Justiz keine Eingriffsbefugnis mehr haben, von sich aus eine staatlich sanktionierbare und zu sanktionierende Rechtsbindung erzeugen? Ein Gedanke, der auf den ersten Blick folgerichtig erscheint, dienen doch die rechtsfreien

[6] Rother, Anm. zu OLG Frankfurt, S. 1334: „Allerdings fehlt es diesem Begriff an genauer dogmatischer Abgrenzung." Vgl. auch Staudinger / Weber, a.a.O., Rdn. J 17 (S. 113) m. w. N. und Rdn. J 22 (S. 114).

[7] Vgl. u. a. Flume, § 7, 4, S. 84 ff.; zu den Fragen der Haftung, eines möglichen Haftungsverzichts usw. weiterhin RGZ 128, 39, 45; Staudinger / Weber, a.a.O., Rdn. J 38 (S. 122 ff.) m. w. N.

[8] RG JW 1906, 740, 741 (Nr. 9); RGZ 128, 39, 43 f.; Blomeyer, § 22, 2, S. 114; Flume, § 7, 7, S. 90 ff.

[9] BGH NJW 71, 1404, 1405; BGH NJW 68, 1874 f.; BGHZ 21, 102, 106 = NJW 56, 1313; Emmerich, S. 279, 285; Enneccerus / Nipperdey, 2. Halbbd., § 145 II A 1; Erman / Sirp, Vorbem. 21 zu § 241; Erman / Hauß, Anm. 2 vor § 662; Esser, SchR BT, § 82 I 2 a; Fikentscher, § 7, 3, S. 26; Larenz, SchR AT, § 31 III, S. 378; ders., SchR BT, § 56 I, S. 256 f.; Palandt / Heinrichs, Einl. vor § 241, Anm. 2; Reuss, S. 526; Soergel / Reimer Schmidt, § 241, Rdn. 3; Soergel / Mühl, vor § 662, Rdn. 3; Staudinger / Weber, a.a.O., Rdn. J 35 (S. 121).

Vgl. auch Carbonnier, l'hypothèse, S. 64 ff., 65; Pothier, Bd. I, Première Partie, Chap. I, Section I, Article I, § I, S. 6 f.

Räume primär dem Schutz der Autonomie des Individuums. Bedeutet demzufolge ein zwingender, nicht dispositiver rechtsfreier Raum, der auch eine Selbstbindung verweigert, seinerseits eine Freiheitsbeschränkung, weil der einzelne eben die Freiheit haben müsse, sich dort, wo er es für richtig hält, rechtlich zu binden?

2. Freiheit und Selbstbindung

Der Wille, sich rechtlich zu binden, beruht auf einer Entscheidung. Diese mag lange vorbereitet, überlegt sein; dennoch ist sie an einen Zeitpunkt gebunden. Diese Entscheidung soll durch die rechtliche Bindung über einen bestimmten Zeitraum hin festgeschrieben werden, so daß der Entscheidungsträger selbst sie nicht mehr ändern kann. In der Rechtsbindung löst sie sich von ihm, verselbständigt sich und ist nun in der Lage, sich ihm von außen aufzuzwingen. Daran wird deutlich, daß das Freiheitsargument unter der Perspektive zu einseitig gesehen wird[10]. Die Bindungsfreiheit ist nur eine Komponente. Daneben — und eventuell dagegen — tritt die Freiheit, sich später anders zu entscheiden, gegen die eigene frühere Entscheidung. Eine Freiheit, die durch eine Selbstbindung an die vorhergehende Entscheidung, durch deren Perpetuierung unterdrückt wird. Auch wird die frühere Entscheidung davon noch nicht betroffen, daß das Recht ihr die Sanktion und damit seine Bindungswirkung verweigert. Betroffen wird sie allenfalls von einer späteren Gegenentscheidung. Will der Entscheidungsträger aber dabei bleiben, „sein Wort halten“, so hindert ihn nichts daran. Tatsächlich frei ist er also lediglich dann, wenn er in seiner Entwicklung nicht beschränkt wird durch eine Selbstbindung. Die Bindungsfreiheit ist sehr begrifflicher Art, ihre Auswirkungen laufen der tatsächlichen Freiheit zuwider. Die Rechtsbindung (sowie der Grundsatz „pacta sunt servanda“) dient nicht der Freiheit desjenigen, der sein Wort gibt, sondern schützt den, der darauf vertraut. Auch hier hat das Recht keine in der Autonomie des Individuums verankerte Funktion, sondern eine soziale[11].

---

10 Vgl. dazu auch Comes, Stimmrecht, S. 2191.

11 Maihofer, Anthropologie der Koexistenz, S. 190 ff., begründet den „Umschlag und Rückschlag des eigenen Wollens gegenüber einem Anderen“ in ein eigenes „Sollen diesem Anderen gegenüber“ (S. 194), die „Bindung meiner selbst im Vertrag, die eigentliche Gründung der Verbindlichkeit in mir selbst, im Ich“ u. a. mit der Forderung nach der „Identität des Ich mit sich selbst in der Differenz der Zeit“ (S. 192), deren ich im Bruch eines vertraglichen Versprechens verlustig gehe, weil ich das, was ich einem anderen vorher versprochen habe, nachträglich ohne zureichenden Grund nicht einhalte.

Das übersieht aber, daß die Identität des Ich eine dynamische ist, daß das Ich sich entwickelt, und es gilt, sich mit diesem jeweils aktuellen Ich identisch zu setzen. Der Vertrag erfordert also unter Umständen gerade ein

Dort also, wo die Autonomie des einzelnen unbedingt vorgeht, wo keine oder im Verhältnis dazu nur eine ganz geringfügige Fremdbetroffenheit auszumachen ist, ist der Schutz durch einen zwingenden rechtsfreien Raum effektiver als der durch einen abdingbaren, aufgebbaren.

Im Verhältnis zwischen Rechtsfreiheit und Rechtsbindung tun sich nun unter dem Gesichtspunkt der Dispositivität verschiedene Bereiche auf:

1. ein Bereich zwingender Rechtsfreiheit, in den Gesetzgebung und Rechtsprechung weder aus eigener Befugnis noch im Willen des oder der Beteiligten eingreifen dürfen.
2. Die Freiheit von jedem von außen gesetzten Recht. D. h., Gesetzgebung und Rechtsprechung können nicht aus eigener Machtvollkommenheit eingreifen. Wohl ist aber eine von den Betroffenen selbst gewollte Rechtsbindung möglich. Der rechtsfreie Raum ist sozusagen dispositiv. Läßt sich also ein Rechtsbindungswille (Rechtsfolgewille) feststellen, so können sich durchaus klagbare und mit Hilfe der Justizorgane durchsetzbare Ansprüche bzw. Pflichten ergeben.
3. Die bloß verabredete Unverbindlichkeit[12]. Hier handelt es sich um Bereiche, die grundsätzlich Gesetzgebung und Rechtsprechung nicht verschlossen sind, die aber noch nicht oder nicht zwingend geregelt sind und nicht unbedingt[13] eine Regelung verlangen. Hier können Vereinbarungen beliebig mit und ohne Rechtscharakter getroffen werden.

3. Die zwingende Rechtsfreiheit

Der erste Bereich nun führt ein wirkliches Schattendasein in der Literatur. Regelmäßig wird er ganz übersehen, gelegentlich kurz gestreift. So wird gesagt, nicht jedes Übereinkommen oder Versprechen

sich Absetzen vom jeweils aktuellen Ich im Interesse des anderen. Zudem läßt sich damit — wie Maihofer selbst feststellt — nicht die spezifische „Rechts"-verbindlichkeit begründen, weil diese eben immer am anderen auszurichten ist, immer zugleich heteronom verankert ist (S. 193). Daher ist auch das Recht kein geeignetes Mittel der Selbstidentifikation.

[12] Wo Carbonnier, l'hypothèse, S. 61 ff., von „non-droit comme choix individuel" spricht, faßt er darunter die unterschiedlichsten Sachverhalte „diffuser-" und „organischer Wahl" zusammen. Selbst im Rahmen der gezielteren „organischen Wahl" — und noch genauer der „situations d'amitié" stellt er zwar auf den Rechtsbindungswillen bzw. auf den „Rechtsvermeidungswillen" („volonté de se tenir en dehors du droit", S. 64) ab, ohne aber auf die Zulässigkeit einerseits, die Verbindlichkeit andererseits eines solchen Willens einzugehen. Das entspricht allerdings dem soziologischen Ansatz seiner Untersuchung (S. 57).

[13] Siehe oben Kapitel II 4.

könne als rechtlich bindendes Schuldverhältnis angesehen werden[14], oder: bestimmte Bereiche seien der rechtsgeschäftlichen Regelung überhaupt entzogen[15]. Staudinger / Weber[16] präzisiert: „So ist aus weltanschaulichen, ethischen, religiösen und ähnlichen Gründen ein bestimmter Kreis von Lebensbetätigungen dem Geschäftlichen oder Geschäftsmäßigen ganz oder zum Teil entzogen. Dazu gehören Ehre, Liebe, Anstand, Freundschaft, politische Überzeugung usw.[17]." Und bei Flume[18] heißt es: „Gegenstand einer rechtlichen Vereinbarung kann überhaupt nicht sein der Bereich der menschlichen Beziehungen in der Familie und der menschlichen Beziehungen der Liebe, der Freundschaft und des gesellschaftlichen Verkehrs." Beide stützen sich auf eine Entscheidung des Reichsgerichts aus dem Jahre 1904, welche eine in einem gerichtlichen Vergleich enthaltene Vereinbarung, die für die Ehescheidung nach jüdischem Ritus erforderlichen Erklärungen abzugeben, für nichtig erklärte, weil die Parteien etwas vereinbart hätten, „was Gegenstand einer rechtlichen Abmachung überhaupt nicht sein kann"[19].

Nun bietet die bloße Kennzeichnung als der Liebe, der Freundschaft, der Familie, der Ehe, dem Anstand, dem gesellschaftlichen Verkehr usw. zugehörig kaum ein ausreichendes Merkmal zur Feststellung eines zwingenden, nicht dispositiven rechtsfreien Raumes. Die Lebenssachverhalte lassen sich nicht eindeutig in solche begrifflichen Schemata zwängen[20]. Das zeigt sich mit besonderer Deutlichkeit am Beispiel der Gefälligkeiten. Warum sollen Bekannte oder Freunde nicht in rechtsverbindlicher Weise eine gemeinsame Reise[21], die Besorgung von Theaterkarten oder ähnliches vereinbaren können[22]?

---

14 Staudinger / Weber, a.a.O., Rdn. J 1 (S. 106).

15 Flume, § 7, 2, S. 82, auch § 7, 5, S. 87; Hellwig, S. 223, 248; Kohler, Zwölf Studien, S. 18 ff.; ders., Lehrbuch, 2. Bd., 1. Teil, § 43 VI, S. 120.

16 a.a.O.

17 Kohler, Zwölf Studien, S. 21: Religion, Liebe und Anstand; Reuss, S. 494 ff., scheint hierher nur die „gesellschaftlichen Abreden" rechnen zu wollen, die er — nicht ganz überzeugend — von den „Gefälligkeitsverhältnissen" trennt.

Vgl. auch Canaris, S. 40; Carbonnier, l'hypothèse, S. 64; Dabin, Théorie, S. 123 ff., 151.

18 § 7, 2, S. 82.

19 RGZ 57, 250, 257.

20 Vgl. die Schwierigkeiten, die Kohler mit seinen Abgrenzungsversuchen hat (Zwölf Studien, S. 21 ff.); auch die Argumentation von RGZ 57, 250, 255 f., die in den Satz mündet: „Diese Grundsätze folgen aus der Wesensverschiedenheit der staatlichen und religiösen Gemeinschaft von selbst und bedürfen keiner bestätigenden Beweisführung."

Gegen derartige Abgrenzungsversuche auch Esser, Vorverständnis, S. 180, FN 8.

21 Vgl. Flume selbst, § 7, 3, S. 83; a. A.: Kohler, Zwölf Studien, S. 19.

22 Vgl. z. B. auch BGH NJW 68, 1874; Nürnberg OLGE 67, 140; Celle NJW 65, 2348; Karlsruhe NJW 61, 1866; LG Mannheim, MDR 65, 131, wo

Wer schließlich einem Bekannten aus Gefälligkeit eine Wohnung zu einem besonders günstigen Preis überläßt, schließt einen Mietvertrag ab, wer aus Gefälligkeit etwas abkauft, was er an sich gar nicht verwenden kann, einen Kaufvertrag. Diese „Gefälligkeitsverträge", oder besser: Verträge aus Gefälligkeit, sind gewöhnliche schuldrechtliche Verträge, die auf einer (gesellschaftlichen) Gefälligkeit beruhen.

Auch lassen sich Begriffe wie Liebe, Freundschaft, gesellschaftliches Verhalten usw. in ihren Grenzen kaum abstecken. Sie könnten nicht mehr als das verbale Aushängeschild einer mehr oder weniger willkürlichen Kasuistik bieten.

Auch die Unentgeltlichkeit ist kein hinreichendes Kriterium, wie schon die unentgeltlichen Verträge des BGB (§§ 516, 518, 598, 607, 662, 690) zeigen[23]. Dasselbe gilt für die Tatsache, daß es sich um nicht vermögenswerte Leistungen handelt.

Aus der sozialen Funktion des Rechts ergibt sich keine Beschränkung auch nur des Schuldrechts auf vermögenswerte Rechte und Pflichten[24]. Vielmehr sind in den Grenzen der Vertragsfreiheit auch Vereinbarungen über nicht vermögenswerte Rechte bzw. Pflichten durchaus möglich[25].

Eine praktikable Abgrenzung zwischen vermögenswerten und nicht vermögenswerten Leistungen läßt sich auch im rechtsgeschäftlichen Bereich kaum finden[26]. Eine objektive Zuordnung gibt es nicht. Die „Beschaffbarkeit" gegen Geldleistung etwa ist kein Kriterium, da sich ein Entgelt für praktisch jede Leistung vereinbaren läßt, ohne daß damit die Frage der Zulässigkeit geklärt wäre. Die „Beschaffbarkeit im

---

jeweils der rechtliche Charakter gesellschaftlicher Verhältnisse in Frage steht und im Einzelfall abgewogen wird. In der Regel geht es dabei um Schadensersatzansprüche, die eben auf rechtliche Pflichten gestützt werden.

[23] Seit BGHZ 21, 102, 106 = NJW 56, 1313 st. Rspr.; vgl. auch BGH NJW 71, 1404, 1405; Nürnberg OLGE 67, 139, 140; OLG Karlsruhe NJW 61, 1866, 1867; allerdings ist dabei zu berücksichtigen, daß die aufgeführten Entscheidungen nicht einen zwingenden rechtsfreien Raum im Auge haben, sondern die Abgrenzung zwischen Rechtsverbindlichkeit und Unverbindlichkeit in concreto anhand des Rechtsbindungswillens vornehmen.

Vgl. weiterhin Fikentscher, § 7, 3, S. 27; Soergel / Reimer Schmidt, § 241, Rdn. 3; Staudinger / Weber, a.a.O., Rdn. J 29 (S. 119 f.) m. w. N. und J 34 (S. 121).

[24] Stammler, Schuldverhältnisse, S. 2 f.

[25] Obertribunal zu Stuttgart, SeuffA 32 Nr. 214; Posen OLGE 24, 280 = SeuffA 67 Nr. 172; Windscheid, Pandektenrecht, Bd. II, § 250, S. 3 ff. m. w. N.; Stammler, Schuldverhältnisse, S. 2 ff.; Enneccerus / Lehmann, § 1 IV 2; Kohler, Zwölf Studien, S. 14, 17, 26; Wendt, S. 41 ff.; Soergel / Reimer Schmidt, § 241, Rdn. 4; a. A.: Hellwig, S. 223 ff. m. w. N.; dem zustimmend u. a. Oertmann, S. 263, 280 f.; derartige Andeutungen auch bei Flume, § 7, 3, S. 83 und § 7, 5, S. 87.

[26] Vgl. auch Kohler, Zwölf Studien, S. 20 f.

geschäftlichen Verkehr" etwa würde eine ungerechtfertigte und nicht vertretbare Ausklammerung ungewöhnlicher Leistungen bedeuten[27].

Wenn das BGB hinsichtlich des Schadensersatzes in § 253 gewisse Beschränkungen auf vermögenswerte Schäden vornimmt, so ist doch dabei zu berücksichtigen, welche Schwierigkeiten die Vorschrift mit sich bringt und welche Einschränkungen sie in der Rechtsprechung erfahren hat, vor allem aber, daß dort wegen der Eigentümlichkeiten des Schadensersatzes ein ganz anderes Bedürfnis besteht, den Verpflichteten gegen unvorhersehbare und unbegrenzbare Ausuferungen zu schützen.

Wenn also einzelnen Vereinbarungen oder Versprechen auch dann, wenn sie rechtsverbindlich gewollt sind, die Rechtsbindung versagt bleibt, so decken diese Ausnahmen sich doch nicht mit den Vereinbarungen oder Versprechen über nicht vermögenswerte Leistungen.

Daß eine Gefälligkeit etwa überwiegend oder ausschließlich fremden Interessen dient[28], genügt ebensowenig. Auch der Auftrag (§ 662 BGB)

---

27 Hellwig, S. 229 f. (zustimmend Oertmann, S. 281) etwa fordert, daß die „Leistung objektiv, ihrer Natur nach, eine Beziehung auf das Vermögen besitzt, ... daß sie gerade für den Gläubiger von pekuniärem Belang ist ...". Das soll vor allem dann der Fall sein, „wenn die Leistung im wirtschaftlichen Verkehr um Geld beschaffbar ist". Auf die bloße Tatsache, daß der konkrete Gläubiger ein Entgelt gegeben hat, soll es jedenfalls nicht ankommen (S. 240). Diese Kriterien lassen sich an von ihm selbst angeführten Beispielen ad absurdum führen. Das berühmte Beispiel Windscheids (Pandektenrecht, Bd. II, § 250, Anm. 3, § 314 Nr. 8), die Vereinbarung mit dem Nachbarn, daß dieser sein störendes Klavierspiel unterlasse, beantwortet er mit einer Einkleidung in vermögenswerte Interessen: „... eine Wohnung, in der man nicht durch Klavierspiel gestört wird, hat einen größeren Wert als eine solche, in der man einer solchen fortwährenden Plage ausgesetzt ist" (S. 232).

Auf die falsche Verlagerung der Kriterien hat schon Stammler, Schuldverhältnisse, S. 6, hingewiesen. Entscheidend ist hier nicht der Wert einer Wohnung, an deren Verkauf möglicherweise überhaupt nicht gedacht wird, sondern vielmehr die Tatsache und die Art der Betroffenheit des Gestörten, der ein Interesse an Ruhe hat. Andere mögen z. B. das Klavierspiel durchaus schätzen. Einen objektiven Verkehrswert gibt es hier nicht.

Das zweite Beispiel ist das des Arztes, der sicher ist, daß seine Praxis „sich ungeheuer vermehren wird, wenn ihm der Patient die zugesagte Vornahme der lebensrettenden Operation gestattet" (S. 234). Hier hält er die Zusage für unverbindlich, weil die Leistung ihrem Inhalte nach keine vermögenswerte sei. Auch diese Argumentation geht offensichtlich an den sachgerechten Erwägungen vorbei. Entscheidend ist vielmehr, daß der Patient sich nicht soll binden können, daß die Verfügung über Leib oder Leben in jedem Augenblick nur ihm zustehen kann, ohne daß er durch rechtliche Mittel an eine frühere Entscheidung gebunden wird. Ähnlich Stammler, Schuldverhältnisse, S. 5.

Entsprechend ist daher m. E. auch der Fall des armen Bauernmädchens zu lösen, das sein Kopfhaar verkauft hat, nach seiner Verlobung aber von dem Verkauf nichts mehr wissen will (vgl. Jhering, Jurisprudenz, Kap. XXIV, Fall 5, S. 148. Weitere Beispiele bei Hellwig, S. 233. Dazu Wendt, S. 50; Stammler, Schuldverhältnisse, S. 4 f.). Hier werden gewünschte Ergebnisse mit einem ungeeigneten, sachfremden Instrumentarium erzielt.

und die Geschäftsbesorgung (§ 677 BGB) können ausschließlich fremdnützig sein, ohne deshalb rechtlich irrelevant zu werden[29].

Selbstverständlich kann auch der Rechtsbindungs- bzw. Rechtsfolgewille keine Antwort auf die Frage geben, ob eine gewillkürte Rechtsbindung überhaupt zulässig ist[30].

Vielmehr muß die Entscheidung an der intersubjektiven, d. h. an der sozialen Lage ansetzen. Von daher ist zu fragen, wie, in welchem Maße und in welchem Verhältnis zueinander die Beteiligten betroffen sind. Dabei kommt es vornehmlich darauf an, welche Bedeutung die rechtliche Sanktionierung der Selbstbindung an die frühere Entscheidung hätte. Führte sie zu einer nicht unerheblichen Einschränkung der Selbstbestimmungsmöglichkeiten[31] des einzelnen in einer seine menschliche Würde antastenden Weise, so muß das Recht die entsprechende Abrede, das jeweilige Versprechen negieren, darf sie nicht mit seinen Durchsetzungsmechanismen unterstützen. So wären etwa das Versprechen, den Nachbarn bei jeder Begegnung höflich zu grüßen, oder das Versprechen, den Freund zu jedem Fest, jeder Familienfeier usw. einzuladen, rechtlich nicht durchsetzbar, sie müßten von der Rechtsordnung negiert werden. Das bedeutet nicht, daß der Versprechende nicht grüßen dürfte, sondern nur, daß er dazu nicht mit Hilfe staatlicher Organe (Justizorgane) gezwungen werden kann, daß der Versprechensempfänger keinen Rechtsanspruch darauf hat.

Dasselbe gilt grundsätzlich auch dann, wenn ein Versprechen gegen Entgelt gegeben wurde[32].

Die oben genannten Merkmale: Vermögenswert, Entgeltlichkeit und die konkreten Interessen sind selbstverständlich zur Beurteilung der

---

[28] Kohler, Zwölf Studien, S. 27 ff.; zu dem Merkmal vgl. u. a. Staudinger / Weber, a.a.O., Rdn. J 30 (S. 120) m. w. N. und J 34 (S. 121).

[29] Vgl. dazu das Beispielpaar von Blomeyer, § 22, 1, S. 114: „Wer einen Liebesbrief zur Post mitnehmen soll, wird kein Beauftragter, wohl aber, wer einen eiligen Geschäftsbrief mitbekommt." Die Unterscheidung muß also anderswo vorgenommen werden als bei der Eigennützigkeit. Ob die Wertung hier richtig ist, ist eine zweite Frage!

[30] Vgl. Kohler, Zwölf Studien, S. 18.

[31] Gelegentliche Hinweise auf die Argumente der Freiheit und persönlichen Autonomie finden sich lediglich bei Kohler, Zwölf Studien, S. 20, 21, 25, 38 f. Allerdings anerkennt er sie nicht als primäre Kriterien, sondern lediglich als Momente zur Bestimmung der verschiedenen Lebenskreise. Nur so ist es zu verstehen, daß Verträge, welche dem Mann oder der Frau einen ausschweifenden Lebenswandel untersagen, nicht rechtsverbindlich sind, das Dienstmädchen aber an ein derartiges Verbot gebunden sein soll (S. 40 f.).

Vgl. auch die Argumentation von Planck / Siber, II. Bd., 1. Hälfte, Vorbem. 3, S. 11 und Wendts (S. 50) im Rahmen des § 138 BGB sowie von Blume, S. 648, 649.

[32] Vgl. auch RGZ 57, 250 ff., wo das Scheidungsversprechen im Zusammenhang mit dafür zugesicherten Vermögensvorteilen gegeben wurde.

jeweiligen Betroffenheiten heranzuziehen, spielen jedoch — wie gesagt — nicht die allein entscheidende Rolle.

Allerdings kann die Betroffenheit anderer (der „Berechtigten") dann keine rechtliche Bindung ermöglichen, wenn sie dem Recht nicht zugänglich ist, wie etwa die psychische Betroffenheit desjenigen, der auf den täglichen Gruß großen Wert legt, oder wie die Betroffenheit der Ehefrau, die eine religiöse Scheidung (Scheidung nach jüdischem Ritus) wünscht[33].

Wenn gelegentlich ein rechtlich schutzwürdiges Interesse[34] gefordert wird, damit ein Übereinkommen oder ein Versprechen überhaupt rechtsverbindlich sein kann[35], so ist nicht recht ersichtlich, ob das Vorliegen schutzwürdiger Interessen jeweils positiv festzustellen ist[36] oder ob hiermit nur eine (negative) Abgrenzung gegenüber den Fällen unzulässiger Rechtsbindung ausgedrückt werden soll. Vor allem werden die Kriterien nicht genannt, welche die Schutzwürdigkeit eines Interesses begründen oder nicht begründen[37]. Der Begriff eignet sich insofern lediglich zum Vehikel für andere inhaltlich präzisere Merkmale.

---

33 Dazu unten Kapitel VI, VIII 2., X.

34 RGRK / BGB / Nastelski, Vor § 241, Anm. 6: „ein zur rechtlichen Anerkennung geeignetes Interesse."

35 Soergel / Reimer Schmidt, § 241, Rdn. 4; Staudinger / Weber, a.a.O., Rdn. J 3; Flume, § 7, 2, S. 82 unter Hinweis auf Art. 1322, 2 des italienischen Codice Civile.

36 Wie es vereinzelt für Abweichungen vom dispositiven Recht gefordert wird. Vgl. Enneccerus / Nipperdey, 1. Halbband, S. 301 m. w. N.

37 Die bei Staudinger / Weber, a.a.O., Rdn. J 3, angeführten Entscheidungen betreffen mit Ausnahme der bereits mehrfach zitierten RGZ 57, 250 ff. (Scheidungsversprechen nach jüdischem Ritus) Sachverhalte, bei denen die rechtliche Bindung nicht grundsätzlich abgelehnt wurde sondern nur im konkreten Fall, weil die Gerichte aus der Sicht der Parteien keine besonderen Umstände feststellten, die für eine Rechtsbindung gesprochen hätten, also praktisch keinen Rechtsbindungswillen. Hellwig, S. 234, setzt die schutzwürdigen Interessen mit den vermögenswerten gleich. Stammler, Schuldverhältnisse, S. 3, spricht von „objektiv berechtigten Bedürfnissen", womit er praktisch die durch Rechtsverbot und gute Sitten gezogenen Grenzen der Vertragsfreiheit meint. Vgl. auch Art. 1255 des spanischen Código Civil: „los contratantes pueden esteblecer los pactos, cláusulas y condiciones que tengan por conveniente, siempre que no sean contrarios a las leyes, a la moral, ni al orden público."

Planck / Siber, II. Bd., 1. Hälfte, Vorbem. 3, S. 11 und Wendt, S. 49 ff. m. w. N., stellen unmittelbar auf die Sittenwidrigkeit (§ 138 BGB) ab: „Gegen die guten Sitten verstößt das rechtsgeschäftliche Versprechen dessen, was nach Sittlichkeit und Anstand nur auf Grund eines freien Entschlusses geschehen oder unterlassen werden soll" (Planck / Siber, a.a.O.). „Gegen die guten Sitten verstößt also das Rechtsgeschäft, d. h. die Wirkung der Zusage gerade auf dem rechtlichen Gebiete" (Wendt, S. 51). Inhaltlich bedeutet das nichts anderes als das oben aufgezeigte Kriterium der unzulässigen Beschränkung der Selbstbestimmung.

Unergiebig ist schließlich auch der Hinweis Windscheids, Pandektenrecht, § 250, Nr. 3, daß der Richter „bloßen Launen" seine Hilfe zu versagen habe.

4. Die dispositive Rechtsfreiheit

Der zweite Bereich im Verhältnis von Individualvereinbarung und rechtsfreiem Raum: der dispositive rechtsfreie Raum unterscheidet sich gegenüber dem ersten Bereich des zwingenden rechtsfreien Raumes dadurch, daß er den Beteiligten verfügbar ist. Die Rechtsverbindlichkeit einer Abrede oder eines Versprechens bedeutet hier keine unzulässige Einschränkung der Autonomie des Verpflichteten. Auch darf es sich nicht um Interessen handeln, die dem Recht überhaupt nicht zugänglich sind[38].

Der Unterschied zum dritten Bereich der „bloß verabredeten Rechtsfreiheit" zeigt sich zunächst in der normativen Wirkung gegenüber der Gesetzgebung: dieser kommt grundsätzlich keine Eingriffsbefugnis zu. Dasselbe gilt für jede heteronome Initiative und Orientierung der Rechtsprechung: sie wird nur tätig, wenn und soweit die Parteien es gewollt haben, und ist auch inhaltlich weitestgehend an den Parteiwillen gebunden.

Demzufolge sind drei Bestimmungen zu treffen:

1. daß kein zwingender rechtsfreier Raum vorliegt,
2. daß es sich aber wenigstens um einen dispositiven rechtsfreien Raum handelt, also um einen Gesetzgebung und Rechtsprechung grundsätzlich verschlossenen Bereich,
3. ob von den Parteien im Einzelfall eine Rechtsbindung gewollt, eventuell vereinbart ist.

Die erste Bestimmung wurde im vorhergehenden Abschnitt erläutert.

In dem zweiten Schritt wird untersucht, ob eine Regelung von außen, ein Eingriff der Gesetzgebung oder ein nicht gewollter Eingriff der Rechtsprechung in unzulässiger Weise in die Autonomie der Beteiligten (der Partner der Abrede, des Versprechenden und des Versprechensempfängers) eingreift, ohne daß schon die Selbstbindung als solche der Autonomie des Verpflichteten widerspricht. Das erfordert eine Abwägung zwischen den Betroffenheiten der Außenstehenden und der Autonomie der Beteiligten. Was steht ganz konkret für Außenstehende auf dem Spiel? Was für die unmittelbar Beteiligten? Wie intensiv fordern die Betroffenheiten, die Interessen der Außenstehenden bzw. der Beteiligten? Wie persönlich sind die Auswirkungen auf die letzteren?

Aber auch bei mangelnder oder geringfügiger Außenwirkung (Betroffenheit Dritter) besteht doch dann keine (dispositive) Rechtsfreiheit, wenn und soweit der einzelne gegenüber dem Partner der Abrede

---

[38] Dazu oben Kapitel IV 3. S. 53 m. w. N.

materiell zu schützen ist, also nicht dadurch, daß die Rechtsbindung versagt wird, sondern dadurch, daß das Verhältnis der Beteiligten zueinander gerade vorgezeichnet wird. Dabei können — wie in vielen Fällen dispositiven Rechts — durchaus Abweichungen zugelassen sein. Es mag auch nur eine Rahmenregelung vorliegen. Jedenfalls sind derartige Tatbestände nicht normativ rechtsfrei.

Ein solcher Schutz kommt dann in Frage, wenn die äußeren Lebensbedingungen betroffen sind, insbesondere in primär materiell orientierten Beziehungen (etwa bei Kaufverträgen) und im Hinblick auf die Organisation (Einfluß auf die Gestaltung) der äußeren Verhältnisse (z. B. das Innenverhältnis einer Gesellschaft, eines Vereins). Er ist nicht zulässig bei primär persönlichkeitsorientierten Beziehungen. Dort würde er einen Eingriff in die Autonomie der Beteiligten bedeuten[39].

Derartig persönlichkeitsorientiert sind wohl die meisten Sachverhalte des rein gesellschaftlichen Verkehrs, der menschlichen Verhältnisse, die man etwa als Freundschaft, Liebe o. ä. bezeichnet. Diese durchaus sozialen, regelmäßig allerdings auf einen relativ engen sozialen Kreis (vielfach auf zwei Personen) beschränkten Verhältnisse gründen in den unverwechselbaren Persönlichkeiten der Beteiligten, sind wesentlich durch sie geprägt. Wenn sich auch hier soziale Standards, Verhaltensschemata herausbilden, so sind diese doch nicht notwendig für die Garantie der materiellen Lebensgrundlagen. Ganz im Gegenteil müssen in diesen Bereichen mit Rücksicht auf die Unterschiede der Persönlichkeitsstrukturen und im Interesse der freien Entfaltung der unterschiedlichsten Persönlichkeiten Abweichungen und eigenwillige Gestaltungen ermöglicht werden. Die innerhalb solcher Verhältnisse gegebenen Versprechen, getroffenen Abreden dürften somit in aller Regel, wenn sie nämlich im wesentlichen durch diese Verhältnisse gekennzeichnet sind, zumindest dispositive Rechtsfreiheit genießen, vorausgesetzt, daß sie nicht dem ersten Bereich der zwingenden rechtsfreien Räume zuzuordnen sind.

Als Beispiele aus der Rechtsprechung lassen sich anführen: die Beaufsichtigung von Nachbarskindern[40], die Hilfe eines Bekannten bei

---

[39] Insofern läßt sich die Regel Maihofers, Anthropologie der Koexistenz, S. 197, 199 f., nicht verallgemeinern, nach der auch in Verhältnissen der Gegenseitigkeit, die grundsätzlich der vertraglichen Gestaltung überantwortet sind, dann eine gesetzliche Regelung notwendig wird, wenn ein Ungleichgewicht der jeweiligen Angewiesenheiten besteht. Bei einem Ungleichgewicht psychischer oder intellektueller Angewiesenheiten, bei — wie er selbst sagt — geschlechtlicher oder anderer „Hörigkeit“ kann, soweit nur ein persönliches Verhältnis wie Freundschaft, Liebe usw. betroffen ist, das Recht keinen Schutz gewähren.

[40] BGH NJW 68, 1874 = JZ 69, 232 mit Anmerkung Deutsch.

der Stellung eines Rentenantrages[41], die unentgeltliche und lediglich durch ein bekanntschaftliches Verhältnis motivierte Raumüberlassung durch einen Gastwirt[42], die freundschaftliche Besorgung von Angelegenheiten eines Flüchtlings in dessen Herkunftsland (DDR)[43], die Hilfe bei der Gartenarbeit, die Besorgung von Briefen, die Verabredung einer gemeinsamen Ferienreise, die Besorgung von Theaterkarten, die Aufbewahrung eines Reisekorbes[44], die Vereinbarung über Ort und Art der Bestattung eines Angehörigen[45].

Hier hat die Gesetzgebung keine Regelungsbefugnis. Wie bereits mehrfach gesagt, treten dadurch nicht etwa die allgemeinen Deliktsregeln außer Kraft. Lediglich die Beziehung als solche, ohne Hinzutreten eines weiteren Merkmals wie z. B. einer unerlaubten Handlung, darf nicht heteronom geregelt werden. Die Rechtsprechung darf folglich nur tätig werden, wenn und soweit die Parteien dies gewollt haben. Entscheidend ist also — und das entspricht der dritten oben genannten Bestimmung — der von Gerichten und Literatur vielberufene Rechtsbindungs- oder Rechtsfolgewille[46]. Ob ein solcher vorliegt, ist anhand der insbesondere von BGHZ 21, 102, 107 entwickelten und in ständiger Rechtsprechung und von der herrschenden Lehre übernommenen Indizien festzustellen, nämlich: „Art der Gefälligkeit, ihr Grund und Zweck, ihre wirtschaftliche und rechtliche Bedeutung, insbesondere für den Empfänger, die Umstände, unter denen sie erwiesen wird und die dabei bestehende Interessenlage der Parteien", „der Wert einer anvertrauten Sache", „die dem Leistenden erkennbare Gefahr", usw.[47].

---

[41] Nürnberg, OLGZ 67, 140.

[42] OLG Karlsruhe, NJW 61, 1866.

[43] OLG Celle, NJW 65, 2348.

[44] RG LZ 1923, 275 = Recht 1923, Nr. 508.

[45] Posen, OLGE 24, 280 = SeuffA 67, Nr. 172.

[46] Kritisch hierzu Rother, S. 1334, der den Umweg über die Willensbetrachtung für überflüssig hält. Nun mag eine Wertung zwar aus objektiven Gründen scheitern, positiv ist aber jedenfalls ein entsprechender Parteiwille erforderlich.

[47] Dazu u. a. Staudinger / Weber, a.a.O., Rdn. 36, S. 122 m. w. N.; vgl. auch Kohler, S. 23 ff. Daß diese Indizien teilweise „objektiver" Natur sind, macht den Rechtsbindungswillen noch nicht unbedingt zur Fiktion (vgl. Flume, § 7, 7, S. 91; Medicus, § 16 I, S. 144 ff.), da es auf den geäußerten, also „objektivierten" Willen ankommt, der sich nur unter Heranziehung der Umstände klären läßt. Allerdings dürfen die „objektiven" Umstände den erklärten Willen auch nicht verfälschen. Sie sind nur Indizien, nicht das entscheidende Kriterium. Zweifelhaft erscheint hingegen, ob der Rechtsbindungswille in BGHZ 21, 102 ff. das geeignete Kriterium ist, da es hier wie in ähnlichen Fällen nicht um die Leistungspflicht, sondern um die Frage des Haftungsgrundes (der Entstehung von Sorgfaltspflichten) und des Haftungsmaßstabes geht. Vgl. die Kritik von Flume und Medicus, a.a.O.

5. Die bloß verabredete Unverbindlichkeit

Der dritte Bereich schließlich, die bloß verabredete Unverbindlichkeit, ist zunächst — im Gegensatz zu den vorhergehenden — Gesetzgebung und Rechtsprechung nicht verschlossen. Andererseits kann die Rechtsverbindlichkeit auch nicht zwingend vorgeschrieben sein. Entweder ist der jeweilige Tatbestand also noch nicht geregelt und eine Regelung auch nicht etwa im Wege der Lückenfüllung zu ergänzen. Oder es liegt dispositives Recht vor, wobei die Dispositivität sich nicht lediglich auf den Inhalt, sondern auf das „Ob" der Rechtsverbindlichkeit erstrecken muß. Drittens müssen die Parteien in concreto eine Abrede über die Unverbindlichkeit getroffen haben.

Hier handelt es sich zweifellos nicht mehr um rechtsfreie Räume. Der Ausschluß der Klagbarkeit, der Erzwingbarkeit, Durchsetzbarkeit usw. ist nur im Ausnahmefall von den Parteien vereinbart und auch nur solange wirksam, wie Gesetzgebung oder Rechtsprechung ihn respektieren, also nicht mit einer eigenen Regelung eingreifen. Allenfalls könnte man von (dispositiv) gerichts- oder justizfreien Tatbeständen sprechen, hinsichtlich derer nämlich der Richter an die von den Parteien gewollte Unverbindlichkeit gebunden ist, solange die Gesetzgebung nicht tätig wird und die Voraussetzungen einer richterlichen Rechtsfortbildung nicht vorliegen.

Kapitel V

Quantitative und qualitative Betroffenheit

Die voraufgehenden Ausführungen beziehen sich auf Sachverhalte, die eine geringe Anzahl von Beteiligten einkreisen, die wenige Personen „betreffen". In der Mehrzahl der Fälle ist der Kreis gar auf zwei Personen beschränkt: den Gefälligkeitsgeber und den Gefälligkeitsnehmer. Auch die unterschiedlichen Erscheinungsformen des Spiels haben gezeigt, daß offensichtlich eine Relation zwischen der Anzahl der Beteiligten und der Rechtsfreiheit bzw. der jeweiligen Rechtsdichte besteht.

Mit sich ausweitendem Personenkreis wird die Wahrscheinlichkeit rechtlicher Relevanz größer.

Von daher ließe sich ein ganzes Spektrum quantitativer Betroffenheiten aufzeigen, das zwischen den beiden Polen der ausschließlich persönlichen einerseits und der vollständig öffentlichen andererseits liegt. Je weitere Kreise ein Verhältnis zieht, je tiefer es in die soziale Umwelt hinauswirkt, desto eher und umfassender verträgt bzw. verlangt es eine rechtliche Regelung. Demgegenüber ist mit zunehmend begrenztem, persönlichem Charakter größere Zurückhaltung des Gesetzgebers und Richters geboten. Bezeichnende Stationen innerhalb dieses Spektrums sind etwa die intim-sozialen[1] Verhältnisse wie Freundschaften, Ehen, auch noch Familien und die ebenfalls eng-sozialen Bekanntschaften[2]. Hier ist die zulässige Regelungsdichte geringfügig. Anders verhält es sich schon in den nur noch verhältnismäßig geschlossen-sozialen Gesellschaften und Vereinen des bürgerlichen- und Handelsrechts. Und innerhalb dieser sind etwa die Möglichkeiten eigener Gestaltung in der Gesellschaft bürgerlichen Rechts umfassender als in der Aktiengesellschaft. Oder in „rechtsfreien" Worten: ein Gesangverein benötigt nicht das Paragraphennetz, das ein Konzern erfordert. Am anderen Endpunkt schließlich steht der Staat (in Zukunft vielleicht auch Staatengemeinschaften oder gar ein „Überstaat"), dessen

---

[1] Der Begriff deutet neben der quantitativen Kennzeichnung zugleich ein qualitatives Merkmal an: die Verwurzelung im Persönlichen.

Max Scheler nennt diese „relativ intime Seinssphäre" staatsfrei oder auch „nationalfrei" (S. 566 f.).

[2] Im Bereich von Freundschaften und Bekanntschaften dürften auch die meisten Gefälligkeitsverhältnisse anzusiedeln sein.

„Sein“ schon fast ein „Recht-Sein“ ist, der allein zu seiner Existenz schon ein unübersehbares Gewirr von Normen benötigt, dessen soziale Aufgaben und Auswirkungen so vielfältig sind, daß sie sich kaum zusammenfassen lassen.

Eine rein quantitative Betrachtungsweise ist aber fraglos nicht ausschlaggebend. Ein Freundschaftsverhältnis ist etwas anderes als ein Lehrverhältnis, ist sicher rechtsfreier als dieses. Eine tausendköpfige Kirchengemeinde ist nicht dasselbe wie eine tausendköpfige Leser- oder Hörergemeinde eines Buch- bzw. Schallplattenrings, diese nicht dasselbe wie eine tausendköpfige Dorfgemeinde. Von entscheidender Bedeutung sind vielmehr die Art[3] und Intensität der jeweiligen Betroffenheit. Neben den Betroffenheiten, die eine rechtliche Regelung erfordern, sind dabei auch die Betroffenheiten ihrer Art und Intensität nach zu unterscheiden, die umgekehrt Rechtsfreiheit fordern. Vor allem davon wurde oben die Stufe der Dispositionsmöglichkeit über Rechtsfreiheit und -bindung abhängig gemacht: von Art und Grad der persönlichen Verankerung des jeweiligen Verhältnisses, von der Intensität, mit welcher die persönliche Autonomie einer Selbstbindung oder einer heteronom gesetzten Bindung widerstrebt.

Unter dem Gesichtspunkt der Rechtsfreiheit bedeutet das: je enger die Sozialität, der Kreis der Betroffenen, je größer der Anteil des Persönlichen an dem in Frage stehenden Sachverhalt, desto mehr ist das Recht auf die Notwendigkeit der Koexistenz beschränkt, genauer: desto mehr muß für einen anderen oder andere auf dem Spiel stehen, um einen Eingriff des Rechts zu legitimieren. Umgekehrt: je weiter die Auswirkungen sind und je intensiver das Zusammenleben, die jeweiligen Betroffenheiten eine Regelung fordern, desto deutlicher, nachhaltiger muß die Autonomie der Persönlichkeit ihr Schutzbedürfnis geltend machen, um demgegenüber durchzudringen.

Im folgenden seien daher einzelne besonders eng-soziale Verhältnisse wie das der Freundschaft und der Ehe auf ihre rechtliche Zugänglichkeit untersucht.

---

[3] Dabin, Théorie, S. 146: „... le degré d'emprise de la règle varie sensiblement selon la nature des relations qu'elle entend modeler.“

Kapitel VI

Recht und Rechtsfreiheit in persönlichen Verhältnissen (am Beispiel der Freundschaftsverhältnisse)

Die „Freundschaft“ wird oft als ein rechtsfreies Verhältnis bezeichnet[1], regelmäßig jedoch ohne daß nähere Begründungen oder die dann notwendigen Bestimmungskriterien gegeben würden.

Der Begriff der Freundschaft zeigt keine klaren Konturen. Der Komplex der davon angerührten Sozialgebilde ist äußerst diffus.

Selbst wenn man einmal absieht von peripheren Begriffen wie Geschäftsfreundschaft, Völkerfreundschaft oder gar solchen wie Gastfreundschaft, die schon kein Verhältnis mehr bezeichnen, sondern vielmehr eine bestimmte Haltung einzelner Personen, so bleibt ein unerschöpfliches Feld, das — empirisch gesehen — mit dem Wort abgedeckt wird.

Wenn die Brockhaus-Enzyklopädie[2] Freundschaft definiert als „ein Verhältnis aus gegenseitiger, individueller Zuneigung bei rückhaltloser Vertrautheit mit den Lebensumständen des Freundes oder der Freundin“, so schwingt darin ein normativer Ton mit: Freundschaft ist Zuneigung, Vertrautheit ..., weil sie es sein soll. Das belegt vor allem der folgende Satz: „Oberflächlicheren Bindungen, die sich im geselligen Miteinander erschöpfen, versagt unsere Umgangssprache diese Bezeichnung ...“ Eine solche Einschränkung geht an dem tatsächlichen Sprachgebrauch vorbei, der nämlich Freundschaft, Kameradschaft, Liebesverhältnis und bloßen Umgang weitgehend nicht trennt[3]. Vor allem lassen sich auch kaum trennende Kriterien aufstellen. Eine Schubladenbegrifflichkeit kann den unendlich vielfältigen und nuancierten Lebensverhältnissen nicht gerecht werden. Es geht hier nicht um feinsinnige

---

[1] Domat, Traité des Loix, Chap. VI Absatz VII (S. X): „... ce n'est pas une matière des Loix Civiles.“ Domat widmet den Freundschaftsverhältnissen dennoch ein ganzes Kapitel (Chap. VI und Chap. V, Abs. XI). Carbonnier, l'hypotèse, S. 64 wagt sogar eine antithetische Gegenüberstellung von Freundschaft und Recht; Dabin, Théorie, S. 109, 123 ff., 151, FN 4 m. w. N.; Radbruch, Rechtsphilosophie, S. 129; Canaris, S. 40; Engisch, RR, S. 389; Flume, § 7, 2, S. 82; Kohler, Zwölf Studien I, ABR 12. Bd., S. 19.

[2] Stichwort Freundschaft.

[3] So auch die realistischen Ausführungen des Aristoteles im 8. Buch der Nikomachischen Ethik, insbesondere 1157 a, 25 ff. (S. 237); in deutlicher Anlehnung daran auch Domat, a.a.O.

Unterscheidungen zwischen oberflächlichen und tiefgründigen, kurz- oder langfristigen, gleich- und andersgeschlechtlichen Verhältnissen. Das Wort Freundschaft ist mehr eine Chiffre als ein abgesteckter Begriff.

Gemeinsam ist den angesprochenen Verhältnissen die Beschränkung auf wenige Personen; oftmals wird es sich um Zweierbeziehungen handeln. Außenstehende sind kaum betroffen, und wenn, so ist ihre Betroffenheit selten schützbar oder schutzwürdig. So ist etwa der Betroffenheit der Verwandschaft oder Nachbarschaft über „unpassenden Umgang" oder der Betroffenheit der Eltern über das Ende einer erwünschten Freundschaft nicht mit rechtlichen Mitteln zu helfen, noch sollte das Recht es auch nur versuchen.

Steht aber der geringen quantitativen Betroffenheit nicht eine erhebliche qualitative Betroffenheit gegenüber? Daß und wie z. B. die Verschlechterung eines Freundschaftsverhältnisses, gar ein Partnerwechsel, oder umgekehrt der Beginn einer Freundschaft die Beteiligten zutiefst in ihrer psychischen, unter Umständen selbst in ihrer physischen Verfassung treffen kann, braucht hier nicht im einzelnen nachgewiesen und ausgemalt zu werden. Resultiert aber daraus eine um so begründetere Eingriffsbefugnis, ja Eingriffsverpflichtung des Gesetzgebers? Der Gedanke wirkt absurd. Wie sollte das Recht hier helfen? Etwa indem es einmal geschlossene Freundschaften institutionalisiert und für unlösbar erklärt? Indem Häufigkeit und Dauer persönlichen Zusammenseins auf ein geziemendes Maß beschränkt werden? Indem erregende Gesprächsthemen und Ausdrucksweisen, ja übermäßige Gefühle selbst verboten werden?

Es handelt sich augenscheinlich um Vorgänge und Verhaltensweisen, die dem Recht — in faktischer und normativer Hinsicht — nicht zugänglich sind. In normativer Hinsicht nicht wegen der Autonomieforderung. Dabei wird die Autonomie weder als bloße Seins- noch als reine Sollenskategorie aufgefaßt. Sie setzt sich einerseits als faktische Möglichkeit selbst voraus; ist insofern an die jeweilige persönliche und gesellschaftliche Konstitution gebunden. Andererseits wird sie immer noch zu verwirklichendes Ideal bleiben im Kampf gegen die zahllosen den Menschen konstituierenden Determinanten. Wenn daher für die den Menschen unmittelbar und primär in seiner Persönlichkeit treffenden Verhältnisse, Sozialbeziehungen, denen relativ geringfügige Fremdbetroffenheit eignet, die Freiheit von jeglicher rechtlichen Determinierung gefordert wird, so kann damit noch nicht seine Autonomie als endgültig hergestellt angesehen werden. Es bleiben die außerrechtlichen, gesellschaftlichen, jedenfalls ebenso heteronomen Determinanten, wie etwa eine öffentliche Meinung, die in den konkreten Sozialbeziehungen herrschenden Auffassungen, Massenmedien usw., die auch das Bild von Freundschafts-, von Liebesbeziehungen, von geselligen Verbindungen u. ä. deutlich bestimmen können und damit auf das Verhalten der Individuen beträchtlichen Einfluß nehmen. Möglicherweise breiten sie sich gerade um so herrschsüchtiger in der vom Recht gelassenen Lücke aus. Dennoch hat das Recht als erstes zurückzutreten, weil es allein mit einem staatlich sanktionierbaren Verbindlichkeitsanspruch auftritt. Sicherlich muß versucht werden, übermäßige Einwirkungen, gar totalitären Zwang anderer Determinanten zu verhindern, und zwar gegebenenfalls mit rechtlichen Mitteln. Doch besteht dabei leicht die Gefahr, daß der rechtliche Schutz seinerseits zu einer Reglementierung wird[4]. Der Zwiespalt ist z. B. aus den Problemen der Meinungs-, Informations- und Pressefreiheit sowie aus den Diskussionen um die Freigabe oder Zensur von Pornografie zur Genüge bekannt.

Zu dieser Sollensanforderung an die Rechtsordnung tritt die faktische Unfähigkeit, in derart komplizierte Verhältnisse wie Freundschaften usw. wirksam einzugreifen. Das Recht setzt ein Minimum an Typisierbarkeit voraus. Den zu regelnden Sachverhalten, nicht nur den Rechtsregeln selbst, muß eine gewisse „Fähigkeit zur Verallgemeinerung“[5] innewohnen. Das Verhältnis muß eine zweckgerichtete Beschränkung auf die rechtlich relevanten Sachverhaltsmerkmale, also zum wenigsten auf eine relative, „rechtlich relevante Individualität“[6] vertragen. Die Notwendigkeit, „daß der Jurist aus der verwirrend vielfältigen Faktizität nur dasjenige in den festzustellenden ‚Sachverhalt‘ eingehen läßt, was Bedeutsamkeit für die zu findende rechtliche Lösung gewinnen kann“[7], darf das zugrundeliegende Lebensverhältnis nicht vergewaltigen.

Sachverhalte aber wie ein Freundschafts- oder Liebesverhältnis, die in ihrem Kern durch eine solche Komplexität und Differenziertheit gekennzeichnet sind, daß die sie bestimmenden und die mit einer rechtlichen Regelung „angreifbaren“ Faktoren nicht oder nur in geringem Maße auszumachen sind[8], daß demzufolge eine einheitliche Wertung der jeweiligen konkreten Situationen nicht mehr möglich ist, widersetzen sich jedem heteronomen, zumindest jedem rechtlichen Eingriff[9]. Die Nutzlosigkeit elterlicher Verbote, die Durchlässigkeit von sozialen und rechtlichen Schranken belegen das eindringlich genug. Die Reduk-

---

4 Dazu auch unten Kapitel VII 5.

5 Vgl. aber Henkel, Rechtsphilosophie, § 32 III 3 b, S. 359.

6 Henkel, Rechtsphilosophie, § 32 I 5, S. 353.

7 Henkel, a.a.O.

8 Stanley, S. 16 f.

9 Comes, Die verlorene Ehre, S. 413.

tion auf eine soziale Rolle[10], auf eine „Sozialgestalt“[11] bedeutet hier eine unerträgliche Deformation solcher Beziehungen. Und damit wird die faktische Grenze zugleich zu einer normativen.

In engem Zusammenhang damit steht die Spontaneität, die für diese oft charakteristisch ist. Eine sorgfältige begriffliche Trennung von Individualität und Spontaneität ist wohl kaum möglich, jedenfalls hier nicht erforderlich. Sowohl die lateinische Herkunft als auch der psychologische, philosophische[12] und allgemeine Sprachgebrauch legen Gemeinsamkeiten offen mit Kategorien wie Entschlußfreudigkeit, Impulsivität, Unkontrollierbarkeit, Improvisation[13], Selbsttätigkeit und Selbstbestimmung, alles Merkmale einer typusfeindlichen Individualität. In ihrer zeitlichen[14] Dimension widersetzt sie sich insbesondere einer dem Recht eigenartigen und notwendigen vergangenheits- oder zukunftsbezogenen Typisierung[15], die nämlich ein Mindestmaß an Vorhersehbarkeit bzw. Nachvollziehbarkeit erfordert. Wie oft entstehen Freundschaften z. B. aus einer Augenblickssympathie. Wie sehr sind die für ein persönliches Verhältnis ganz entscheidenden Alltäglichkeiten von situationsgebundenen Momenten abhängig, die weder ein Gesetzgeber vorhersehen, noch ein Richter in ihrer ganzen Vielfalt nachvollziehen kann. Eine Gesetzgebung oder Rechtsprechung, die dennoch einzudringen versucht mit ihrem stumpfen Instrumentarium, läuft Gefahr, zu schematischen und daher falschen Ergebnissen zu gelangen.

Ähnlich verhält es sich mit der Kategorie der Solidarität, die auf den ersten Blick in einem Verhältnis des Gegensatzes zu stehen scheint zu Kategorien wie Autonomie, Individualität usw. In diesem Zusammenhang jedenfalls geht sie mit ihnen Hand in Hand[16], sofern man Solidarität versteht als eine im Individuellen wurzelnde Außentendenz, die mit einem Ausdruck wie „Gruppengefühl“ sicher zu eng gefaßt wäre, die aber doch vom einzelnen ausgeht; die eben kein abstrakter „Gruppengeist“ ist, keine von den Individuen gelöste Gemeinsamkeit, sondern eine von diesen erst erzeugte. Eine so verstandene Solidarität sucht verschiedene Bereiche der Person zu erfassen, ihre rationalen

---

10 Henkel, a.a.O.

11 Jedenfalls so wie Maihofer sie in Recht und Sein, S. 101 ff. vorstellt.

12 Brockhaus-Enzyklopädie, Stichwort: Spontaneität.

13 Waldmann, S. 130.

14 Henkel, Rechtsphilosophie, S. 355, weist auf das „Überraschungsmoment“ des Individuellen hin.

15 Henkel, Rechtsphilosophie, S. 354.

16 Dabei wird allerdings von Erscheinungsformen des Begriffs wie der „solidarischen Verpflichtung zu bundesfreundlichem Verhalten“ (Waldmann, S. 128) abgesehen. In der Verbindung kann Solidarität wohl kaum als ein Kriterium der Rechtsfreiheit verstanden werden.

Kräfte ebenso wie ihre emotionalen und schließlich ihre Initiative: ihr handelndes Einverständnis. Eine dermaßen persönlichkeitsverankerte Solidarität widersetzt sich als „gruppenindividuelles“, „gruppenspontanes“ Element rechtlichen Typisierungsversuchen. Ist eine solche Solidarität nun Grundlage und Lebensprinzip einer Gemeinschaft, etwa einer Freundschaft, eines Freundeskreises, einer Arbeitsgemeinschaft, Wohngemeinschaft usw., so entziehen sich deren Struktur und Entwicklung weitgehend rechtlicher Regelung[17]. Eine Normierung hätte eher zerstörende als schützende oder gar fördernde Wirkung[18].

Bei größeren Gruppierungen (einer größeren „Arbeitsgemeinschaft“, „Betriebsgemeinschaft“, „Volksgemeinschaft“ usw.) oder solchen weniger persönlicher Färbung (etwa einer Arbeitsgemeinschaft mit hierarchischer Struktur: das Vorgesetzten-Untergebenen-Verhältnis) ist das nur noch in begrenztem Maße richtig. Massensolidaritätserscheinungen sind weitgehend lenkbar und werden, wie sich immer wieder zeigt, durchaus gelenkt und manipuliert. Hier ist eine rechtliche Beeinflussung möglich und unter Umständen gegenüber Mißbrauch erforderlich. Im einzelnen wird das eine Frage schwieriger politischer Abwägungen sein, nicht aber der Grenzziehung gegenüber einem rechtsfreien Raum. Auch besteht die Gefahr, daß ein „solidarisches“ Verhältnis vorgeschützt wird, um eine unerwünschte „Verrechtlichung“ zu verhindern[19].

Persönlichkeitsverwurzelte Verhältnisse wie die Freundschaft sind rechtsfrei wegen ihrer geringen quantitativen Betroffenheit, wegen ihrer unerheblichen Fremdbetroffenheit, wegen der Schwierigkeiten rechtlicher Typisierung und vor allem wegen der hohen Autonomieforderung. Allerdings — um es erneut zu betonen — gilt das nur, soweit das persönliche Verhältnis den Schwerpunkt der Beziehung ausmacht. Auch Freunde können selbstverständlich rechtswirksam durchsetzbare Verträge schließen, wie auch zwischen ihnen deliktische Ansprüche möglich sind.

---

17 Im Hinblick auf die von Vierkant, S. 208 ff. konzipierte Gemeinschaft als „engste Form der sozialen Verbundenheit überhaupt“ sagt Coing, Rechtsphilosophie, S. 170: „Wo das Recht auf Gemeinschaftsverhältnisse stößt, da kann es daher im wesentlichen nichts tun, als dem Leben der Gemeinschaft freien Lauf lassen.“ Und Henkel, Rechtsphilosophie, S. 215: „Von der Gemeinschaft ist zu sagen, daß sie eine rechtsfremde Struktur darstellt.“ Zu dem Begriff vgl. auch Max Weber, Methodologische Schriften, S. 321 ff.

18 Coing, Rechtsphilosophie, S. 171; Henkel, Rechtsphilosophie, S. 215.

19 Vgl. die Beispiele bei Coing, Rechtsphilosophie, S. 171.

Kapitel VII

Der strafrechtliche Eingriff (am Beispiel des Sexualstrafrechts)

Eine exponierte Stellung kommt u. a. in den damit angesprochenen Verhältnissen der Problematik des Sexualstrafrechts unter zwei Gesichtspunkten zu:

1. Dieses trifft regelmäßig persönlichste Bereiche, die nicht ohne Not vor die Blicke anderer, gar der Öffentlichkeit gezogen und erst recht nicht deren Beurteilung und Normierung anheimgestellt werden sollten.
2. Die Strafe bedeutet einen Eingriff, der noch über das Gros der anderen rechtlichen Möglichkeiten weit hinausgeht und wegen seiner Bedeutung für den Bestraften sich als ultima ratio[1] rechtfertigen muß.

1. Die quantitative Betroffenheit

Geht man nun von den zuvor aufgestellten Kriterien aus, so wäre zunächst in der ganz überwiegenden Zahl der Fälle (Kuppelei, Prostitution, Ehebruch, Homosexualität, Exhibitionismus, Sodomie usw.) eine geringe bis äußerst begrenzte Zahl der Betroffenen festzustellen (quantitative Betroffenheit). Und wenn eine „Affäre" doch einmal weitere Kreise zieht, dann vielfach nur deshalb, weil eine bestimmte Sparte der Presse oder ähnliche Organe sich verpflichtet fühlen, „jenes öffentliche Ärgernis beizustellen, das eine Privatsache nicht hervorrufen würde, wenn sie unseren Blicken verborgen bliebe"[2].

2. Die qualitative Betroffenheit

In qualitativer Hinsicht müßte eine ausreichende soziale Betroffenheit vorliegen, in der Sprache des StGB[3]: „sexuelle Handlungen, die

---

[1] Vgl. auch Hanack, Rdz. 24, 32.

[2] Karl Kraus, S. 150. Sein ganzes Buch ist eine engagierte Anklage und Warnung vor den auch heute noch durchaus aktuellen Gefahren, „die die Entwicklung der merkantilen Meinungspresse" (S. 12) heraufbeschwört.

[3] In seiner Fassung durch das 4. Gesetz zur Reform des Strafrechts vom 23. 11. 1973, § 184 c Nr. 1.

im Hinblick auf das jeweils geschützte Rechtsgut[4] von einiger Erheblichkeit sind." Das ist sicher dann zu bejahen, wenn die sexuelle Selbstbestimmung eines anderen[5] mißachtet oder ausgeschaltet wird, etwa im Falle der Vergewaltigung (§ 177 StGB), der sexuellen Nötigung (§ 178 StGB)[6], des sexuellen Mißbrauchs von Schutzbefohlenen (§ 174 StGB), Gefangenen, behördlich Verwahrten oder Kranken in Anstalten (§ 174 a StGB), Kindern (§ 176 StGB), Widerstandsunfähigen (§ 179 StGB)[7] usw.[8]. Schwieriger wird es schon mit den verschiedensten Erscheinungsformen und Nebenerscheinungen der Pornografie[9], des Exhibitionismus und der Prostitution (§§ 183 ff. StGB)[10]. Ob hier eine ausreichende Betroffenheit „Dritter" vorliegt, ist weitgehend eine Frage der Umstände. Und selbst, wo man eine solche annimmt, bleibt die Frage zu klären, ob der Staat strafen darf und soll. Denn die Befugnis, mit rechtlichen Mitteln einzugreifen, ist noch lange nicht gleichbedeutend mit der Befugnis, zu dem besonders harten Mittel der Strafe zu greifen. So mögen verwaltungsrechtliche Vorschriften, Maßnahmen der Sozialfürsorge usw. ausreichen, unter Umständen das erstrebte Ziel besser erreichen als ein „Strafschutz"[11].

Welcher Art aber wäre die soziale Beeinträchtigung bei den Tatbeständen der einfachen Kuppelei[12], vor allem der einfachen Homo-

---

[4] Zur Lehre vom Rechtsgut vgl. u. a. Jäger, S. 6 ff., 122 f.; zur neueren Kritik an dem Begriff vgl. die Nachweise bei Schroeder, S. 859 ff., FN 16.

[5] Vgl. die Überschrift des 13. Abschnitts des StGB; zuvor schon Karl Kraus, u. a. S. 150.

In ähnlicher Weise stehen die entsprechenden Vorschriften des StGB der DDR unter dem Titel: „Straftaten gegen Freiheit und Würde des Menschen" (§§ 121 ff.); vgl. schließlich aus rechtsvergleichender Sicht Simson / Geerds, S. 351; Simson, Sexualdelikte, S. 158; ders., Grundzüge, S. 20 m. w. N.

[6] Rechtsvergleichend Simson / Geerds, § 20, S. 365 ff.

[7] Rechtsvergleichend dazu Simson / Geerds, §§ 21, 22, S. 389 ff., 402 ff.

[8] Ob alle im 13. Abschnitt des StGB aufgeführten Tatbestände von dem Stichwort erfaßt werden, ist eine andere Frage (vgl. z. B. die Kritik von Dreher, vor § 174, Anm. 3 und die Verteidigung von Schroeder, S. 859 ff. [868 ff.]), soll aber hier nicht erörtert werden. Auch mögen die Grenzen der Tatbestände im einzelnen und die Zweckmäßigkeit der jeweiligen Regelungen durchaus zweifelhaft sein. Vgl. zu den Problemkreisen der Vergewaltigung, insbesondere der eventuellen Ausdehnung auf den ehelichen Bereich: Hanack, Rdz. 45 ff., 59 ff.; zur sexuellen Nötigung ders., Rdz. 85 ff.; zum sexuellen Mißbrauch von Schutzbefohlenen, Kindern usw. ders., § 5, Rdz. 131 ff., Rdz. 107 ff. und Rdz. 13; Jäger, S. 46 ff., 49 ff., 117 f. Zum „Schutzalter" auch Giese, S. 9; zum Schutz Minderjähriger und Abhängiger schließlich Adorno, Eingriffe, S. 112 ff.; Woesner, S. 676.

[9] Woesner, S. 677; Jäger, S. 97 ff., 120 f.

[10] Rechtsvergleichend: Simson / Geerds, S. 505 ff.; vgl. auch Woesner, S. 677.

[11] Zu dem Komplex: Hanack, Rdz. 30 f., 338 ff., 243 ff.; Giese, S. 10; Adorno, Eingriffe, S. 114 ff., 123 f., 108 ff.

[12] Dazu Hanack, Rdz. 267 ff.; rechtsvergleichend: Simson, Grenzen, S. 485 f.; Simson / Geerds, S. 487 ff.; zu BGHSt 6, 46 ff., siehe Kapitel XI 4. c).

sexualität[13] und der Sodomie[14]? Dabei ist von der selbstverantwortlichen Betroffenheit freiwillig Beteiligter grundsätzlich abzusehen, da sie keine rechtlich relevante „Fremdbetroffenheit“ ist. Der Schutz gegen ausschließliche Verletzung der „Eigenwürde“[15] ist nicht Angelegenheit des Rechts, geschweige denn des Strafrechts[16]. Was also ist hier zu schützen? Die Anschauungen „der ewigen Nachbarin öffentliche Meinung“[17], das „gesunde Volksempfinden“, „das Interesse der Öffentlichkeit an der Normalität der geschlechtlichen Betätigung der Bevölkerung“[18] oder — negativ formuliert — das bequeme Vorurteil gegenüber einer gesellschaftlichen Minderheit? Und wogegen ist zu schützen? Gegen ein abweichendes[19] Verhalten einzelner, das als „Un-zucht“ apostrophiert und verurteilt wird? Ein Begriff, den die Reform des Sexualstrafrechts mit den genannten Tatbeständen endlich aus dem gesetzlichen Begriffsrepertoire hat verschwinden lassen.

Abgesehen davon, daß, wer nichts weiß, in der Hinsicht auch nicht betroffen sein kann, das Wissen aber vielfach erst durch Dritte (Klatsch, Zuträger, Denunzianten, Presse usw.) verbreitet wird, wofür man die Beteiligten schlecht verantwortlich machen kann, steht für die Öffentlichkeit, die Gesellschaft, oder besser: die gesellschaftliche Mehrheit kein rational erfaßbares und rechtlich zu schützendes Gut auf dem Spiel. Nicht umsonst wird hier mit in hohem Grade emotional getränkten, aber inhaltlich äußerst diffusen Begriffen gearbeitet[20], die zudem oft

[13] Hanack, Rdz. 329 ff.; Jäger, S. 68 ff., 118 f.; Henkel, Rechtsphilosophie, S. 146; rechtsvergleichend: Simson, Grenzen, S. 485; vor allem Simson / Geerds, § 24, S. 425 ff.; zu BVerfGE 6, 389 ff. vgl. auch Kapitel III Fn. 13 und XI 4. c).

[14] Hanack, Rdz. 336 f.; Jäger, S. 89 f., 119; rechtsvergleichend: Simson, Grenzen, S. 485; Simson / Geerds, S. 534 ff.

[15] Hanack, Rdz. 337. Wenn die Notwendigkeit einer Bestrafung von Sodomie mit der „Menschenwürde“ begründet wird, — Simon, Niederschriften der Großen Strafrechtskommission, Bd. VIII, S. 239, sowie die Amtliche Begründung des E 62, S. 380 f. — so scheint das die Befürchtungen von Bagolini (oben Kapitel II 3. Fn. 58) zu bestätigen. Ähnlich auch Schönke / Schröder, 14. Aufl., § 175 b, Rdz. 1 zur Homosexualität.

[16] Dazu oben Kapitel III.

[17] Karl Kraus, S. 151.

[18] Vgl. die Niederschriften über die Sitzungen der Großen Strafrechtskommission, VIII, S. 238 f.

[19] Adorno, Eingriffe, S. 106 f. Vgl. auch die Begründung zum amerikanischen Model Penal Code von 1962, daß atypische sexuelle Verhaltensweisen, die privat und unter zustimmenden erwachsenen Partnern begangen werden, nicht die Interessen der Gesellschaft schädigen und daher als Straftatbestände aus dem weltlichen Recht zu eliminieren seien; zitiert nach Simson, Grenzen, S. 482.

[20] Vgl. die Aufstellung bei Simson / Geerds, S. 351; Bockelmann in der Großen Strafrechtskommission (Niederschriften, Bd. VIII, S. 542): „Es handelt sich bei § 175 StGB um ein Thema, zu dem man nicht nur aus rationalen Erwägungen Stellung nehmen kann. Die maßgebende emotionale Erwägung stellt sich für mich in der Frage: was sagt der, der Vater eines Sohnes

eine ganze Gefolgschaft unbewußter Tendenzen wie Neid oder Rache mit sich schleppen.

Wenn sich einzelne oder auch viele, gar die Mehrheit in ihren sittlichen Anschauungen getroffen fühlen durch ein Sexualverhalten anderer, das nicht auf sie gerichtet ist, so reicht diese Betroffenheit aus verschiedenen Gründen nicht aus, um rechtliche Übergriffe zu legitimieren. Zum einen ist eine verantwortungsbewußte Typisierung unmöglich, weil das sexuelle Verhalten extrem persönlichkeits- und situationsgebunden ist. Aber nicht nur vom Sachverhalt, von „den Verhältnissen" her wird eine Typenbildung verhindert, sondern auch von der „Wertungsseite" her[21]. Selbst in der Abstraktion vom Tatsächlichen und damit vom Individuellen übereinstimmende Sachverhalte werden von den verschiedenen sittlichen Anschauungen ganz unterschiedlich beurteilt[22]. Zum Teil handelt es sich nicht mehr um Normen der „einfachen Sittlichkeit", die in der „Öffentlichkeit des kollektiven Bewußtseins" leben[23]. Vielmehr nehmen Normierungen in dem Bereich vielfach ihren Ausgang bei dem einen oder anderen „System der religiösen oder profanen Hochethik"[24]. Sie wären zudem Normen relativ weniger, die der Gesamtheit aufgezwungen würden; und das in einer Gesellschaft, die jedenfalls diesbezüglich durchaus pluralistisch strukturiert, demzufolge zu entsprechender Toleranz aufgerufen ist[25].

Aber selbst wo sich eine kollektive Verurteilung empirisch feststellen ließe, sind Gesetzgeber und Richter unter Umständen — etwa im Fall der Sodomie oder der Homosexualität — nicht befugt, ein „stellvertretendes Gewissensurteil" (Jaspers)[26] zu sprechen. Das Recht ist nicht berufen zur Durchsetzung einer höheren, verfeinerten Moral; in extrem persönlich fundierten Verhältnissen, soweit das jeweilige Verhalten keine oder nur geringfügige Außenwirkung hat, nicht einmal dann,

---

ist? ..." Bezeichnend ist auch die Argumentation Simons (bzgl. der Sodomie): „... diese Tat doch für so abscheulich, daß sie ... strafwürdig erscheint." (Niederschriften der Großen Strafrechtskommission, Bd. VIII, S. 239.)

[21] Siehe oben Kapitel VI.

[22] Wenn etwa Weigelin, Einführung, S. 91, glaubt, die Moralwissenschaft sei in der Lage, ein „zuverlässiges System der geltenden Moral" aufzustellen mit einer „klaren Übersicht über das Rangverhältnis der sittlichen Normen", so setzt er damit eine erkenn- und darstellbare objektive Sittlichkeit voraus (vgl. auch S. 1 ff.): eine Sicht, die nicht zufällig dem Individuum eine wirkliche Autonomie bestreitet (S. 69 ff.).

Auch der Hinweis auf eine „kulturelle Bewertung" (Mösl, LK, Vor § 173, Rdn. 5) kann nicht darüber hinwegtäuschen.

[23] Bollnow, S. 26.

[24] Henkel, Rechtsphilosophie, § 16, S. 132 ff., 142 ff., 146 ff., 151 f.; W. Becker, S. 210: der „bekenntnishafte Charakter des Strafrechts".

[25] Henkel, Rechtsphilosophie, S. 143; Hanack, Rdz. 27; Woesner, S. 674 f.

[26] Dazu A. Kaufmann, Das Schuldprinzip, S. 197 ff.; ders., Rechtsphilosophie, S. 248 f.; vgl. auch Henkel, Rechtsphilosophie, S. 146.

wenn diese Verfeinerungen mehrheitliche, gar fast ausschließliche Anerkennung finden. Je höher der Verfeinerungsgrad, je weiter ausgebaut ein moralisches System ist, desto größer ist die Abhängigkeit vom Wandel der gesellschaftlichen und sittlichen Vorstellungen[27], desto näher liegt die Gefahr der Einseitigkeit der abgeleiteten Normen und der Intoleranz gegenüber Andersdenkenden, desto schwieriger wird sich ein gemeinsamer Nenner finden und die Allgemeinverbindlichkeit solcher Normen rechtfertigen lassen, desto eher ist also mit Konflikten zwischen Rechtsnorm und anderen moralischen Auffassungen zu rechnen, die schließlich eine Entfremdung zwischen wenigstens diesem Regelungskomplex und den Betroffenen zur Folge haben[28]. Für solche Entwicklungen sind die früheren §§ 175, 180 StGB geeignete Beispiele. Sie waren sehr wenig effektiv, also schon auf Grund ihrer ungenügenden Durchsetzungskraft fragwürdig[29]. Umgekehrt führen derartige Regelungen oftmals nur zu neuen Straftaten wie z. B. Erpressungen, zu Denunziantentum und Klatsch und der damit einhergehenden Vergiftung sozialer Verhältnisse, zu tiefem psychischen Elend[30], ja das Verfahren selbst mag durch seine Öffentlichkeit bzw. Halböffentlichkeit (bestehend aus den Justizpersonen und der wissenden näheren Umgebung) Schädigungen psychischer und sozialer Art mit sich bringen[31].

3. Die Autonomieforderung

Die genannten Gründe führen zu dem letztlich entscheidenden Argument: der hohen Autonomieforderung, die sich konkretisiert in dem „einleuchtendsten Persönlichkeitsrecht"[32] der sexuellen Selbstbestimmung. Die Betroffenheit, die hier am schwersten wiegt, ist die Betroffenheit in der eigenen Autonomie des „Täters", dessen persönliches Verhalten, dessen „private" Verhältnisse auf dem Spiel stehen[33]. Das Rechtsgut ist zu schützen gegen die Versuche, „das Privatleben mit einem Paragraphenzaun zu umhegen"[34]. Die „Verantwortung der Autonomie"[35] kann dem einzelnen auch eine heteronome Reglementierung

[27] Vgl. Bollnow, S. 20 ff.

[28] Vgl. auch Welzel, Naturrecht, S. 253.

[29] Vgl. auch Simson, Grenzen, S. 483; Adorno, Eingriffe, S. 111.

[30] Anschaulich und eindringlich hierzu Karl Kraus, S. 17 f.; auch Simson, Grenzen, S. 483, 485.

[31] Zur Schädigung von Kindern durch Strafverfahren im Zusammenhang mit den früheren §§ 176 Abs. 1 Nr. 3, 178 StGB vgl. Hanack, Rdz. 135; zu dem Problem auch D. Krauß, S. 365 ff. mit zahlreichen weiteren Nachweisen.

[32] Karl Kraus, S. 140; vgl. auch Simson, Grenzen, S. 483.

[33] Zur Beschränkung des Rechts auf die sozialen-, die „Außen"-wirkungen und zur Autonomieforderung siehe oben Kapitel II 5.; vgl. auch die bei Simson, Grenzen, S. 483 f. genannten Autoren sowie Woesner, S. 674 m. w. N.

[34] Karl Kraus, Sittlichkeit, S. 17.

[35] Adorno, Eingriffe, S. 107.

nicht abnehmen. Gesellschaft und Staat können ihn nicht vor sozial unschädlichen Abweichungen bewahren, besser: ihn daran hindern; zumal nicht einmal sicher ist, ob die fragliche Abweichung für ihn in seiner konkreten Situation, die Außenstehende — vor allem mit so grobmaschigen Rastern wie denen des Gesetzes — nicht erfassen können, überhaupt ein „Unglück" ist.

4. Strafe als ultima ratio

Die Strafe ist grundsätzlich das letzte Mittel des Staates, ist ultima ratio, und damit gegenüber anderen rechtlichen Instrumenten regelmäßig subsidiär. Vor allem unterliegt sie wegen ihrer Bedeutung für den einzelnen einer besonders strengen Prüfung der Verhältnismäßigkeit[36]. Die Strafbefugnis des Staates ist daher oftmals enger als die Eingriffsbefugnis mit anderen rechtlichen Mitteln. Der rechtsfreie Raum im allgemeinen und die Freiheit von strafrechtlicher Regelung decken sich dann nicht. Dort, wo der einzelne in seiner Autonomie getroffen ist, sind aber Strafbefugnis und allgemeine Eingriffsbefugnis des Rechts in gleicher Weise hinter die Grenze des „sozialschädlichen" Verhaltens verwiesen. Dem haben in letzter Zeit Teile des Schrifttums[37], gelegentlich auch die Rechtsprechung[38] und vor allem der deutsche Gesetzgeber Rechnung getragen, der eine deutliche Korrektur zugunsten der Rechtsfreiheit, genauer: unter Berücksichtigung der ihm gegenüber normativen rechtsfreien Räume vorgenommen hat[39].

---

[36] Vgl. Hanack, Rdz. 32, 36 ff.; Simson, Grundzüge, S. 7.

[37] Außer Jäger, insbesondere S. 4 ff., 121 f.; vgl. Simson, Grenzen, S. 481 ff.; Woesner, S. 673 ff.; Hanack, Rdz. 27, 29 ff.; vgl. auch Richard Lange, S. 10; Roxin, S. 382.

[38] Vgl. etwa BGH NJW 69, 1818 ff. („Fanny-Hill"-Urteil): „... Denn das Strafgesetz hat nicht die Aufgabe, auf geschlechtlichem Gebiet einen moralischen Standard des erwachsenen Bürgers durchzusetzen, sondern es hat die Sozialordnung der Gemeinschaft vor Störungen und groben Belästigungen zu schützen." Im Gegensatz dazu steht allerdings die vorhergehende Äußerung zum früheren § 184 StGB: „Die Vorschrift hat vielmehr den Zweck, ... in bezug auf Schriften ... dem erwachsenen Menschen vor allem, die Notwendigkeit der Entscheidung zu ersparen, ob er sie lesen will oder nicht."

Das zuletzt genannte Zitat hat der BGH fälschlich (vgl. Knies, S. 18, FN 35 a) Justice W. O. Douglas zugeschrieben.

Weitere Beispiele aus der Rechtsprechung bei Demski, S. 52 ff.

[39] Vgl. aber schon Anselm von Feuerbach in der Begründung zum Bayerischen StGB von 1813: „Solange der Mensch durch unzüchtige Handlungen nur die Gebote der Moral überschreitet, ohne eines anderen Rechte zu verletzen, ist im gegenwärtigen Gesetz nicht über dieselben bestimmt worden." (Zitiert nach Simson, Grenzen, S. 482.)

Simson, a.a.O., zur Begründung des amerikanischen Model Penal Code von 1962 und zu Begründung und Entwurf zum schwedischen Kriminalgesetzbuch, erstattet vom Strafrechtskomitee 1953.

5. Das Problem der außerrechtlichen Einflußnahme gesellschaftlicher Kräfte

Im Zusammenhang mit dem Schutz der sexuellen Selbstbestimmung und der Anerkennung der überragenden Autonomieforderung stellt sich ein weiteres — allerdings auch andere Bereiche treffendes — Problem: Wie hat das Recht sich gegenüber außerrechtlichen Einflußnahmen gesellschaftlicher Kräfte, Manipulationsversuchen usw. auf das Sexualverhalten, auf die persönlichsten Verhältnisse und Verhaltensweisen ganz allgemein zu stellen? Dabei wird vorausgesetzt, daß das Individuum sich zweifellos nicht aus allen gesellschaftlichen, umweltgebundenen Determinationen lösen kann; ein solches soziales Robinson-Crusoe-Dasein wäre eine von der täglichen Wirklichkeit widerlegte Illusion. Andererseits wird aber auch keiner der Thesen gefolgt, die den einzelnen restlos in seiner Umwelt aufgehen lassen, ihn ausnahmslos aus gesellschaftlichen Determinanten konstituiert sehen: eine Konzeption, die keinerlei Spontaneität, keinerlei tatsächliche Willensfreiheit zuließe, derzufolge nicht nur die Vorstellung von rechtsfreiem Räumen, sondern auch das Recht selbst — zumindest in seiner herkömmlichen Gestalt als Verhaltensanforderung an relativ freie Willensträger — verfehlt erscheinen ließe.

Nun können gesellschaftliche Einflußnahmen auf den einzelnen vor allem in den dessen Autonomie überantworteten Lebensbereichen so intensiv, so massiv sein, daß sie eine Selbstbestimmung, etwa die sexuelle Selbstbestimmung faktisch aufheben, den anscheinend freien Willen manipulieren. Beispiele dafür finden sich zur Genüge in der Presse, im Film, in der Werbung, in der sog. Trivialliteratur usw. Die Reduktion „der Frau" zum Objekt, zum Verkaufsmittel für Waren aller Art, zum Prestigeobjekt usw., die grobe Schematisierung von zwischenmenschlichen Verhaltensweisen und ihre Bewertung, die Stilisierung menschlicher Attribute zu „Wertzeichen", die Verbindung von Sexualität und Gewalttätigkeiten, das sind nur einzelne Stichworte. Ist dagegen ein rechtliches Kraut gewachsen? Die Problematik ist zu vielfältig, als daß sie an dieser Stelle auch nur einen Überblick erlaubte. Im einzelnen wird es sich vielfach um — im weitesten Sinne — politische Wertungen und Entscheidungen handeln, die sorgfältige und umfangreiche Untersuchungen durch die verschiedenen jeweils angesprochenen Wissenschaften verlangen. Zwei Gedanken drängen sich aus den vorhergehenden Überlegungen auf:

1. der rechtliche Eingriff muß überhaupt ein geeignetes Instrument darstellen, d. h. er muß in der Lage sein, die entscheidenden Verhältnisse mit seinen relativ groben Mitteln zu erfassen, und er muß eine hinreichende Wirkung, ein gewisses Durchsetzungsvermögen versprechen.

2. Er darf nicht unter dem Vorwand der Abwehr von Manipulationen seinerseits die zu schützende Autonomie aushöhlen, muß sich also darauf beschränken, außerrechtlichen gesellschaftlichen Mißbrauch zu unterbinden, ohne den Staat in die ihm nicht zustehende Rolle des Tugendwächters zu drängen. Im Grunde geht es dabei um eine weitere Variation des Verhältnisses von ausreichender sozialer Betroffenheit und individueller Autonomie.

Kapitel VIII

Gesellschaftliche Aspekte persönlicher Verhältnisse (am Beispiel des Eherechts)

Das Nebeneinander von rechtsfreien Räumen und unter Umständen recht dringenden Bedürfnissen nach rechtlicher Regelung zeigt sich besonders ausgeprägt in der Ehe.

Der Kreis der primär Betroffenen ist eng begrenzt: bei der kinderlosen Ehe sowie allgemein bei Fragen des Verhältnisses der Ehepartner zueinander auf diese zwei Personen. Zweifellos handelt es sich auch überwiegend um Beziehungen, die tief in der Persönlichkeit wurzeln, insofern als Phänomene den mit dem Begriff Freundschaft etikettierten vergleichbar sind. Dennoch finden sie, im Gegensatz zur bloßen Freundschaft, eine weitreichende gesetzliche Normierung (im BGB bzw. EheG) und oft bis ins Detail gehende Rechtsprechung. Wie ist der Unterschied zu erklären? Läßt er sich rechtfertigen?

1. Die problemspezifische Argumentation

Reicht es aus, zu dem Zweck auf das öffentliche Interesse an der Ehe oder etwa auf deren institutionellen Charakter zu verweisen? So allgemein sicher nicht. Ob „die Ehe als solche" eine Institution ist oder nicht, ist eine eher irreführende als entscheidungserhebliche Frage, weil ihr nämlich eine Pauschallösung vorschwebt, die bei der Vielfalt der Probleme wohl kaum denkbar ist[1]. Vielmehr kommt es darauf an, die jeweiligen Sachfragen zu entscheiden, wobei konkret festzustellen ist, inwieweit solche überindividuellen Gesichtspunkte[2], d. h. Interessen Dritter oder der Allgemeinheit berücksichtigt werden müssen. Daß die Ehe eine soziale Erscheinung — von jedenfalls im abendländischen Kulturkreis bisher vergleichsweise großer Stabilität — ist, die als solche durchaus über das individuelle Partnerverhältnis hinaus wirkt, ja dieses gerade von außen her mit prägt, soll gar nicht be-

---

1 Derart undifferenzierte Modelle lassen dann allerdings Institution und Freiheit als Antithesen erscheinen. Dazu Ritter, S. 62 ff.; vgl. auch die Ausführungen von Taubes, S. 68 ff.; zum Argument „Institution" im Zusammenhang mit § 1353 BGB vgl. unten Kapitel VIII 2. b).

2 Zu der Problematik Radbruch, Rechtsphilosophie, § 20, S. 244 ff.

stritten werden. Doch was folgt daraus für einen nicht mehr nur nach empirischen, sondern nach normativen Perspektiven fragenden Betrachter? Will er nicht einem platten: „wie es ist, so soll es auch sein" verfallen, so muß er differenzieren und differenzierend auswerten. Dabei macht es für ihn einen Unterschied, ob Fragen der Unterhaltsregelung erörtert werden oder die Gestaltung der persönlichen Beziehungen, und wiederum welcher der vielen Aspekte ehelicher Lebensgemeinschaft zur Sprache kommt, ob es um die Eheschließung, die Namenstragung, die Auflösung (Scheidung u.sw) oder die Besteuerung geht. Dementsprechend sind die jeweiligen gesellschaftlichen Einwirkungen auf die Ehe und den einzelnen sowie umgekehrt die Auswirkungen des Verhaltens der Ehepartner auf ihre gesellschaftliche Umgebung und eventuell auf die Allgemeinheit zu analysieren und die problemspezifischen Interessen aufzuzeigen. An diesen realen Gegebenheiten des sozialen Gebildes Ehe, an den weiteren Kreisen, die sie zieht und in die sie einbezogen ist, muß sich eine rechtliche Regelung ausrichten. Wie sie sich dann zu den jeweils in Frage kommenden Verhaltensmöglichkeiten in normativer Hinsicht verhält, ob positiv, negativ oder tolerierend, ob sie bestätigende oder abwehrende Sanktionen setzt, das ist dann ein weiterer Schritt, der seinerseits eine Wertung der aufgefundenen Betroffenheiten und Interessen erfordert. Von daher ist eine auch — oder besser: notwendigerweise — typisierende Differenzierung z. B. im Unterhaltsrecht oder im ehelichen Güterrecht durchaus angebracht. Eine „Hausfrauenehe" bringt eben andere Probleme mit sich als eine „Berufstätigenehe"[3]. Eine kinderreiche Familie ist nicht dasselbe wie eine kinderlose Ehe[4]. Dem muß etwa das Recht der Scheidungsfolgen Rechnung tragen. In den Zusammenhängen ist es allerdings Aufgabe des Rechts, die Existenzmöglichkeit[5] des einzelnen Partners zu garantieren, für seine tatsächliche Freiheit und Chancengleichheit zu sorgen[6]. Das hat nun möglichst so zu geschehen, daß die Rechtsnormen die Entscheidung der Ehepartner respektieren und an die frei gewählte Gemeinschaftsform — sekundär — ihre rechtlichen Sicherungs- und Ausgleichsvorkehrungen knüpfen, nicht aber, indem sie bestimmte Typen zu bindenden Schemata dogmatisieren, die den einzelnen Ehen oktroyiert werden.

---

[3] Vgl. Ramm, Grundgesetz und Eherecht, S. 42 ff.; in: Die Umgestaltung, S. 723, unterscheidet er die „Berufstätigenehe", die „Haushaltsführungsehe" und die „Mithelfendenehe". Vgl. dagegen E. Wolf, Grundgesetz und Eherecht, S. 651.

[4] Ramm, Grundgesetz und Eherecht, S. 23 f.; vgl. schon Bertrand Russell, 10. Kapitel.

[5] Dazu Friedmann, Recht und sozialer Wandel, S. 255 ff.

[6] Ramm, Grundgesetz und Eherecht, S. 46; vgl. aber die Polemik E. Wolfs gegen Ramm, in: Nochmals: Grundgesetz und Eherecht, S. 17, 18.

Daneben treten dann aber Bereiche, die selbst eine sekundäre Normierung, auch einen richterlichen Eingriff nicht mehr zulassen: rechtsfreie Räume.

Die für eine Frage gefundenen Argumente und Lösungen dürfen nicht ohne Grund auf andere Probleme übertragen werden. Das öffentliche Interesse an einem bestimmten Aspekt der Ehe (etwa an den Regelungen des Unterhalts und an Fragen der Staatsangehörigkeit) strahlt nicht auf die gesamte Ehe, einschließlich ihrer persönlichsten Sphären aus[7].

Wenn hier die Einzelfragen stärker betont werden als bei den vergleichsweise pauschal behandelten Freundschaftsverhältnissen, so nicht deshalb, weil die Ehe etwas essentiell anderes wäre, sondern vielmehr, weil in der sozialen Wirklichkeit andere Probleme aufgetaucht sind und weil eben ganze Problemfelder gesetzlich geregelt, ausdrücklich als Eherecht geregelt sind.

2. Das Problem der „ehelichen Rechte und Pflichten"

Als beispielhaft für die Grenzen rechtlicher Normsetzung läßt sich das Problem der „ehelichen Lebensgemeinschaft" und der daraus abgeleiteten „ehelichen Pflichten" (§ 1353 BGB) heranziehen. Darunter wird nach Palandt / Diederichsen[1] „der gesamte Inhalt des persönlichen Verhältnisses der Ehegatten zueinander verstanden. ... Das Verhalten wird durch das Wesen der Ehe bestimmt. Es besteht in der Begründung, Erhaltung und Entfaltung einer engen, grundsätzlich alle Lebensbereiche jedes Ehegatten umfassenden Lebensgemeinschaft der Ehepartner ...[2]", konkreter: es begründe die Rechtspflichten „zur Treue[3], zum ehelichen Verkehr in ehelicher Zuneigung, nicht in Gleichgültigkeit, oder indem Widerwillen zur Schau getragen wird[4], zur Erzeugung und dem Empfang von Kindern ..."[5], „unter Umständen aber auch zur Zurückstellung der Beziehungen zur Verwandtschaft, um

---

[7] Vgl. aber die Argumentation von Bosch, Ehe und Familie, S. 61.

[1] § 1353, Anm. 2.

[2] In Anlehnung an BGHZ 26, 196, 198 = NJW 58, 546 = FamRZ 58, 126 = JZ 58, 505.

[3] Noch weiter geht Gernhuber, Familienrecht, S. 150: „Die Ehe verlangt ... Treue und verbietet damit treuwidrigen Umgang, aber auch jeden Umgang, der nur den „bösen Schein" eines Treubruchs hervorruft." m. w. N. Die Pflicht zur Treue gelte als einzige unbedingt. d. h. unabhängig von der jeweiligen Situation (S. 156 f.); auch S. 141 f.; vgl. auch Soergel / Lange, § 1353, Bem. 20, 21; BGB / RGRK / Scheffler / Koeniger, § 1353, Anm. 20; Staudinger / Hübner, § 1353, Rdn. 24.

[4] Hinweis auf BGH NJW 67, 1078 (1079); dazu auch Soergel / Lange, § 1353, Bem. 18.

[5] Soergel / Lange, § 1353, Bem. 19; Staudinger / Hübner, § 1353, Rdn. 13.

die Lebensgemeinschaft, die das Wichtigere bleibt, nicht zu gefährden[6], wie überhaupt ein dem Wesen der Ehe entsprechendes beiderseits verständnisvolles Eingehen und Rücksichtnehmen auf die Eigenarten des anderen verlangt werden kann, soweit sie für diesen lebenswichtig sind und anerkannt werden können"[7]. Selbst die Rechtspflicht zur Liebe wird statuiert[8].

Hier wird eine Verrechtlichung der Ehe bis in die persönlichsten Dimensionen sichtbar, die von dem berufenen „sittlichen Wesen"[9] und der Autonomie[10] wenig mehr als verbale Beteuerungen übrig läßt. Ist die eheliche Treue tatsächlich eine rechtliche, und d. h. eventuell vor dem Richter zu verantwortende, Pflicht? Ist es wirklich Sache eines Gerichts, Maßstäbe für den ehelichen Verkehr zu setzen[11]? Ist der Richter berufen, über die Wichtigkeit und Richtigkeit verwandtschaftlicher Verhältnisse zu befinden oder darüber, ob bestimmte Eigenarten eines Ehegatten anerkennenswert sind oder nicht und wie der andere darauf einzugehen hat? Sind die Gerichte kompetent zu entscheiden, ob ein Ehepartner zu Recht oder zu Unrecht von dem anderen verlangt, daß er täglich 5 Glas Milch trinke, Reformküche genieße und mehrere Stunden täglich fernzusehen oder nicht fernzusehen habe[12], kann den anderen überhaupt eine dementsprechende in der ehelichen Lebensgemeinschaft begründete Rechtspflicht treffen?

a) Grenzen rechtlicher Regelung in primär persönlichen Bereichen

Eine erste Grenze gegenüber rechtlichen Eingriffen bilden die höchstpersönlichen Bereiche oder auch Individualfreiheiten[13], die unabhängig von der Ehe rechtsfrei sind. Insofern schon erfaßt die rechtliche Relevanz der ehelichen Gemeinschaft eben nicht alle Lebensbereiche jedes Partners. Tatsächlich kann sie durchaus den ganzen Menschen prägen, ihn in allen möglichen Aspekten seiner Persönlich-

---

[6] Hinweis auf RG HRR 33, 307; auch Soergel / Lange, § 1353, Bem. 8; Erman / Bartholomeyczik, § 1353, Rdn. 3.

[7] Hinweis auf RGZ 124, 55; vgl. auch Beitzke, S. 52; Staudinger / Hübner, § 1353, Rdn. 27.

[8] Erman / Bartholomeyczik, § 1353, Rdn. 3; dazu: Coing, Rechtsphilosophie, S. 170; Radbruch, Rechtsphilosophie, S. 249; vgl. auch Bonnecase, S. 6.

[9] u. a. Palandt / Diederichsen, Einf. vor § 1353, Anm. 1; auch BGHZ 6, 360, 364 u. a.

[10] u. a. Beitzke, S. 4.

[11] Wie dies in beispielloser Weise in BGH FamRZ 67, 210 ff. = NJW 67, 1078 ff. geschieht. Das RG WarnRspr. 1914, Nr. 59 spricht gar von einer „ordnungsmäßigen Beiwohnung".

[12] Beispiele von Baumann, Einführung, S. 77 f.; weitere Beispiele bei Pawlowski, S. 305, 307.

[13] Vgl. u. a. Beitzke, S. 54; Erman / Bartholomeyczik, § 1353, Rdn. 13; Gernhuber, Familienrecht, S. 149; Ramm, Grundgesetz und Eherecht, S. 27.

keit berühren. Aber sie bietet keine Grundlage für einen normativen Eingriff in die Individualfreiheiten. Sie zwingt den einzelnen nicht in ein seine Totalität ergreifendes Korsett. Die Ehe macht aus zwei Menschen nicht einen. Sie bedeutet vielmehr eine Lebensgemeinschaft zweier Individuen, die zwar aufeinander bezogen sind, sich gleichzeitig aber auch selbständig entwickeln.

Die Angelegenheiten, die in die höchstpersönliche Sphäre des einen Partners fallen, werden auch durch die Ehe nicht „sozialisiert". Sie bilden den Kreis der individuellen Rechtsfreiheit. Demzufolge kann der andere Partner sich nicht auf § 1353 BGB berufen, um über die Kleidung, die Lektüre, den Milchkonsum, die Freundschaftsbeziehungen, die religiösen Bekenntnisse und Betätigungen[14] oder die politischen Anschauungen und Aktivitäten zu bestimmen. Das Reichsgericht[15] hat einen notariellen Vertrag für nichtig erklärt, in welchem ein Ehemann sich verpflichtet hatte, keinerlei Geschäfts- oder Vergnügungsreisen allein zu unternehmen. Zur Begründung führt es aus: „Die ... vorgesehenen Beschränkungen des Beklagten können auch nicht gerechtfertigt werden durch den nach Ansicht des Berufungsgerichts mit ihnen verfolgten sittlich berechtigten Zweck, weiteren Eheverfehlungen des Beklagten damit vorzubeugen und die Ehe dadurch aufrechtzuerhalten. Dieser Zweck durfte nicht mit Mitteln verfolgt werden, die wegen der darin enthaltenen, mit dem sittlichen Wesen der Ehe unvereinbaren Eingriffe in die wirtschaftliche und persönliche Freiheit des Beklagten ihrem Inhalt nach gegen die guten Sitten verstießen." Sicher soll in derartigen Angelegenheiten der eine Rücksicht auf den anderen nehmen. Aber die erforderliche (und ausreichende) Rücksichtnahme läßt sich nicht rechtlich absichern, weil sie nicht meß- und formulierbar, kurz: nicht typisierbar ist, und weil auch ihre Grenze noch den Individualfreiheiten zugehört[16]. Etwas anderes ist es hingegen, ob daraus resultierende religiöse, politische und andere Differenzen über die Zerrüttung der Ehe zur Scheidung führen[17].

Außer diesen individuell orientierten Tatbeständen der Rechtsfreiheit fordert auch das unmittelbar aufeinander bezogene Verhalten

---

[14] Müller / Freienfels, Zur Scheidung, S. 308 f. m. w. N.; Beitzke, S. 54; Gernhuber, S. 150; das Reichsgericht stellte in der bereits mehrfach zitierten Entscheidung (Jüdischer Scheidebrief) fest: „Die Bindung der Willen auf dem Gebiet der Religion ist eine Bindung des Gewissens und des Herzens ... Eine rechtliche Fesselung der Willen gibt es hier nicht und kann es nicht geben." (RGZ 57, 250, 256.)

[15] RGZ 158, 294, 298.

[16] Das spricht auch gegen Streck, S. 81 ff., der einen solchen persönlichen Freiheitsbereich verneint und lediglich einen auf das konkrete Vertrauen gegründeten Entscheidungsvorrang zugesteht.

[17] Vgl. unten Kapitel VIII 2. c) S. 89 f.

— aus einer anderen Perspektive gesehen: das direkt auf den Partner gerichtete Verhalten des einzelnen — zumindest in den persönlichsten Bereichen Freiheit von rechtlicher Regelung. Zweifellos kann die (psychische usw.) Betroffenheit des anderen hier, wo die Auswirkungen eines Verhaltens sich auf ihn konzentrieren, sich in der Zweierbeziehung mehr oder weniger erschöpfen, besonders gewichtig sein[18]. Allerdings ermächtigt das weder den Gesetzgeber, etwa die Ausdrucksweise der Partner im Umgang miteinander oder deren Sexualverhalten gesetzlich zu regeln, noch den Richter, darin zwischen Eheverfehlungen und pflichtgemäßem ehelichen Verhalten zu unterscheiden und zu entscheiden[19].

Ein Grund ist wiederum in der mangelnden Typisierbarkeit des Sachverhaltes einerseits, der Wertungen andererseits zu sehen. Ebenso wie Freundschaftsverhältnisse sind auch Ehen in ihren persönlichen Dimensionen viel zu komplex und differenziert, als daß staatliche Normen ihnen gerecht werden könnten[20]. Die unterschiedlichen Charaktere, Erziehungen, gesellschaftlichen Umkreise wie Berufsleben und Bekanntenkreis, Wohnungsviertel und viele weitere Faktoren erzeugen

---

[18] Vgl. dazu schon oben Kapitel VI S. 61 f.

[19] Zu einer Art gesetzesfreien aber nicht justizfreien Raumes führt die Auffassung Strecks, der dem Recht zwar die Aufgabe materialer Lebensbestimmung in der ehelichen Lebensgemeinschaft abspricht (S. 53), der andererseits aber, abgesehen von der Fundamentalstruktur der Ehe (S. 54), auf das konkrete Vertrauensverhältnis der Partner konkrete — und nur konkret, d. h. richterlich feststellbare — Rechtspflichten gründet. (S. 60 ff., 69 f., 78). Das Vertrauen bezieht sich dabei entweder auf ein sozialadäquates Verhalten (S. 70 ff.), fungiert somit als Transformator der sozial anerkannten sittlichen Pflichten in konkrete Rechtspflichten im Sinne des § 1353 (S. 72), oder aber auf ein der bereits konkret verwirklichten Lebensgemeinschaft entsprechendes Verhalten (venire contra factum proprium) (S. 74 ff.). Die Partner können also durchaus über das Vertrauen und die daraus erwachsenden Rechte und Pflichten disponieren, indem sie ihre konkrete Ehe abweichend vom sozialen Soll gestalten (S. 72 ff.). Demzufolge „kann die Frau eines Beamten rechtlich zur Treue verpflichtet sein, während die Dirne recht handelt, wenn sie ‚Treubruch‘ übt“ (S. 73). Praktisch greift das Recht als Richterrecht dann nur ein, wenn die Gemeinschaft gestört ist. Dann aber „tritt es mit bestimmten Rechten und Pflichten an die Ehepartner heran ...“ (S. 81). Dem Richter ist damit die Möglichkeit gegeben, in vergleichsweise subtiler Art auf die jeweilige Ehe einzugehen. Dennoch muß dem Modell in zweifacher Hinsicht widersprochen werden. Einerseits hat das Recht nämlich — etwa in Fragen des Unterhalts — durchaus die Aufgabe materialer Lebensgestaltung, ohne daß es auf einen Vertrauensschutz beschränkt wäre.

Andererseits erscheint in Fragen aus dem persönlichsten Bereich auch ein Vertrauensschutz durch den Richter nicht zulässig. Wenn auch die konkrete Lebensgestaltung gleichzeitig auf den Augenblick und auf die Zukunft hin angelegt ist (S. 75), so sind doch Vergangenheit und Augenblick für die Zukunft nicht verbindlich. Eine rechtliche Selbstbindung ist in persönlichsten Verhältnissen und persönlichstem Verhalten abzulehnen (siehe oben S. 59 f.; auch Streck selbst, S. 98 ff. zu Verträgen).

[20] Siehe oben Kapitel VI.

sehr verschiedenartige Erwartungshaltungen und Reaktionsweisen, lassen im Einzelfall eine Höflichkeit, eine Freundlichkeit, eine Liebenswürdigkeit oder umgekehrt eine Unaufmerksamkeit, Gleichgültigkeit, Grobheit oder gar Unverschämtheit je nach dem Gesichtspunkt sehr anders verstehen[21]. Die Begriffe werden ganz anderen Empfindungen und Wertungen zugeordnet, diese knüpfen an andere Sachverhalte an. Die Nuancen aber sind hier oftmals entscheidend, lösen ein Verhalten, eine Reaktion erst aus. Die wirklichen Kausalitäten verschließen sich einer richterlichen Erkenntnis selbst dann, wenn diese sich nicht mit oberflächlichen Psychologismen zufrieden gibt. Davon abgesehen stößt die Würdigung des von den Parteien Vorgebrachten vielfach auf erhebliche Beweisschwierigkeiten[22]. Hinzu kommen die oben[23] mit dem Begriff „Spontaneität" gekennzeichneten Merkmale, die auch in der Ehe das notwendige Mindestmaß an Vorhersehbarkeit für den Gesetzgeber oder an Nachvollziehbarkeit durch den Richter hindern.

Auch die solidarischen Momente[24] der Ehe stehen dem entgegen, was der Bundesgerichtshof verkennt, wenn er — mit erstaunlicher Selbstsicherheit (und gegen die differenzierenden Ausführungen der Vorinstanz) — die „objektive Ordnung des Ehelebens" und die „unverrückbare Grundlage" für die ehelichen Pflichten selbst von einer beiderseitig gebilligten Lebensführung und dem gegenseitigen Einverständnis der Partner lösen will, von dem „Niveau, das in einer Ehe von beiden Eheleuten jahrelang verwirklicht" wurde, abstrahiert und trotz der gegenteiligen Empfindungen der Beteiligten die konkrete „tatsächlich" ehezerstörende Wirkung einer „objektiven Eheverfehlung" behauptet[25].

---

21 Der BGH hingegen glaubt etwa von den Persönlichkeiten, Veranlagungen wie Temperamenten, usw. absehen zu können. BGHZ 26, 196 = FamRZ 58, 126 = NJW 58, 546 = JZ 58, 505; zustimmend Marloh, S. 497 f., der sich hier tatsächlich auf die Gleichheit vor dem Gesetz, auf die Vergleichbarkeit und Meßbarkeit verschiedener Ehen beruft.

22 Ein hervorragendes Beispiel für die Probleme bietet BGH FamRZ 67, 210 = NJW 67, 1078, wo der BGH, offensichtlich aus einer anderen Perspektive als die Vorinstanz, wenn auch sehr viel vorsichtiger, die Ursächlichkeit anders beurteilt. Wenn etwa Gamillscheg, S. 548, im Hinblick auf das Scheidungsrecht behauptet, daß „alle Mißlichkeiten des Eindringens in die Privatsphäre und des Waschens schmutziger Wäsche hier nur den Schuldigen treffen", so setzt er voraus, daß ein eindeutig „Schuldiger" festzustellen ist. Das dürfte aber in den meisten Fällen gerade nicht der Fall sein. Und selbst wenn, so treffen die Erörterung und Beweisführung vor Gericht auch den „Unschuldigen".

Vgl. dazu auch ausführlich die Vorschläge zur Reform des Ehescheidungsrechts der Eherechtskommission (Scheidungsrecht), S. 29 f. sowie die Begründung zum RegE 1. EheRG, BT-Drucks. 7/650, 1. Teil VII 2, S. 72 f.; E. Wolf, Ehezerrüttung und Verschulden, S. 1501; Deubner, Zerrüttungsprinzip, S. 50, 54; Simitis, S. VI; Lüderitz, Gutachten, S. B 31 ff. m. w. N.

23 Kapitel VI S. 63.

24 Vgl. oben Kapitel VI S. 63 f.

Die perfekteste Regelung wäre grobschlächtig gegenüber den wirklich entscheidenden Motivationen, Umständen, Reaktionen, den „seelischen Imponderabilien“[26]. Die gesetzestreueste, jeder „Verfehlung“ bare Ehe kann noch eine sehr unglückliche Ehe sein. Das Recht ist nicht in der Lage, glückliche und gute Ehen zu schaffen oder nur zu erhalten[27], nicht das Gesetzesrecht und — vielleicht erst recht — nicht das regelmäßig erst „hinterherkommende“ Richterrecht[28]. Einzelne Normen eines solchen Rechts mögen sich mit Hilfe der Staatsgewalt durchsetzen lassen, der damit verfolgte Zweck ist nicht zu verwirklichen. Und in der Lösung von diesem verfallen die Einzelnormen der Absurdität. Ja sie dienen dann nicht selten ganz anderen Zwecken, wie z. B. Rachebedürfnissen oder der Durchsetzung finanzieller Wünsche.

Davon abgesehen erscheint es schon fraglich, ob es überhaupt Aufgabe einer Rechtsordnung sein kann, für die Verfestigung einer Ehe

---

25 BGHZ 26, 196 = FamRZ 58, 126 f. = NJW 58, 546 = JZ 58, 505; zustimmend Hoffmann / Stephan, § 43, Rdn. 8; Marloh, S. 498: „Die Eherechtsordnung trägt ... ihr eigenes Maß in sich.“

26 Hanack, S. 490.

27 Bonnecase, S. 3; Simson, Erleichterung, S. 404 f.; Müller / Freienfels, Ehe und Recht, S. 42. Unverständlich ist der Satz Ramms (Grundgesetz und Eherecht, S. 20): „Die freie Entfaltung der Persönlichkeit im höchstpersönlichen Bereich, die menschliche Öffnung gegenüber dem anderen Partner, das gegenseitige tiefe Vertrauen ist ohne Sicherheit, ohne eine rechtliche Garantie der Dauerhaftigkeit der Beziehung nicht gewährleistet.“ Gerade hier kann das Recht nichts gewährleisten. Gegenseitige Öffnung und Vertrauen sind ohne Rechtsnormen ebenso möglich wie mit ihnen, an ihnen kann es innerhalb einer rechtsgültigen Ehe in gleicher Weise fehlen wie in einer freien Lebensgemeinschaft. Was die freie Entfaltung betrifft, so wird sie durch enge Normen eher gehindert als gefördert.

28 Ebenso unverständlich ist die Forderung von Müller / Freienfels, Ehe und Recht, S. 57, nach psychologisch subtileren oder noch weitergehenden Eingriffsbefugnissen des Richters. „Manches könnte, um ein einfaches Beispiel zu geben, heute gebessert werden, wenn der Eherichter die Macht hätte, dem Ehemann zu verbieten, jeden Sonntag — zuschauenderweise — auf dem Fußballplatz zu verbringen oder er der Ehefrau untersagen könnte, mehr als zweimal wöchentlich ins Kino zu gehen.“ Es ist nicht ersichtlich, wie derartige Auflagen mit der Autonomie der Individuen bei ihrer Lebensgestaltung und mit der Autonomie der Partner bei der Gestaltung ihrer Ehe zu vereinbaren wären. Wenn — was durchaus angebracht sein kann — ein Rückgriff auf und eine Zusammenarbeit mit anderen Sozial- und Humanwissenschaften empfohlen wird, wie etwa der Psychologie, so darf das doch nicht zu einem noch tiefergreifenden Eindringen in die persönliche Sphäre führen. Notwendig kann das sein: in konkreten Fällen etwa zur Lösung von Scheidungsfolgen im Hinblick auf Kinder, abstrakt wohl regelmäßig zur Klärung der Hintergründe und der Bedingungen gesetzlicher Regeln, vor allem im Gesetzgebungsverfahren. Müller / Freienfels, der selbst die Grenzen des Rechts gerade im Bereich der persönlichen Ehebeziehungen zieht (S. 28 ff.), legitimiert hier ein Überschreiten der Grenzen mit der Psychologie. Nicht die Psychologie ist von diesen Bereichen fernzuhalten, wohl aber ein sich psychologisierend gebendes, die Psychologie vorschützendes Recht. Der Richter ist nicht im umfassenden Sinn „Sozialarzt“. Die normative Wirkung seiner Urteile, ihre Durchsetzungstendenz, zieht die Grenzen.

zu sorgen, eine Entwicklung der beiden Partner zueinander hin zu fördern. Wer kann denn im Einzelfall die Prognose aufstellen, daß eine solche Entwicklung besser sei als eine auseinanderstrebende, ja selbst eine Trennung der beiden Individuen, die ihnen vielleicht im konkreten Fall viel eher eine Selbstverwirklichung eröffnet?

All dies verweist letztlich auf das auch hier schwerstwiegende Argument: die Autonomie[29] der Partner nicht nur im Hinblick auf ihre Individualfreiheit, sondern auch auf die Gestaltung der unmittelbar partnerbezogenen Verhältnisse und Verhaltensweisen[30].

b) Die Berücksichtigung überindividueller Gesichtspunkte in primär persönlichen Bereichen

Steht dem nun in diesem vergleichsweise begrenzten Rahmen der ehelichen Lebensgemeinschaft und der ehelichen Pflichten aus § 1353 BGB, soweit sie persönlicher Art sind, die Institution der Ehe, ein öffentliches Interesse oder ähnliches entgegen? Das setzen jedenfalls die zahllosen Hinweise voraus auf „die Institution“, „das Institut Ehe“, „Wesen und Gestalt[31] der Ehe“, das „sittliche Wesen“ der Ehe, den „Begriff der Ehe“[32], „die objektive Ordnung des Ehelebens“, „die unverrückbare Grundlage für (die) ehelichen Pflichten“, auch die „normale Ehe“, wenn aus dieser Normalität Normen abgeleitet werden[33] usw.[34].

In allen Fällen wird dabei auf etwas Vorgegebenes[35] oder Vorgefundenes, den Eheleuten gegenüber Heteronomes, ein überindividuelles Element verwiesen[36]. Der Begriff der Institution[37] wird häufig ohne

---

29 BVerfGE 6, 55, 71: „Eigenständigkeit und Selbstverantwortlichkeit des Menschen.“

30 Bertrand Russel, 10. Kap.: “If marriage is to achieve its possibilities, husbands and wives must learn to understand that whatever the law may say, in their private lives they must be free.”

31 Dombois, S. 57, spricht sogar vom „Wesen der Institution“. Einen Überblick über die mit dem Begriff „Wesen“ etikettierten Argumente gibt Scheuerle, S. 433 ff.

32 Strecks (S. 52 ff.) Rekurs auf den Begriff der Lebensgemeinschaft bringt zwar im Ergebnis eine beachtliche Beschränkung der „abgeleiteten“ Sätze mit sich, verweist aber immer noch auf etwas „Vorgefundenes“, auf eine nicht näher zu begründende „Fundamentalstruktur“ (S. 54); ders., S. 28 ff., kritisch zum Begriff des „sittlichen Wesens“.

33 Vgl. etwa BGH FamRZ 67, 210, 211.

34 Weitere Begriffe bei E. Wolf, Ehe, Zerrüttung und Verschulden, S. 1498 und 1499.

35 Gehlen, S. 98: „Der Einzelne erlebt z. B. die Ehe wie ein überpersönliches, vorgefundenes Muster.“ Weiterhin ausdrücklich Dombois, S. 57; Häberle, S. 99; BGB / RGRK / Wüstenberg, Einleitung IV. Bd., 3. Teil, Anm. 1.

36 Müller-Freienfels (Eheverbot, S. 306, 312) unterscheidet zwischen Gründen, die eine Beschränkung der Eheschließungsfreiheit von innen her, aus

weitere Konkretisierung gebraucht, als diffuses Schlagwort für etwas, das nun einmal so ist bzw. so sein soll und nicht anders, ohne daß es weiterer Erklärungen bedürfte[38].

Kurze Hinweise auf die Institutionenlehre Maurice Haurious[39] können schon deshalb kaum überzeugen[40], weil dieser seine Theorie an anderen Phänomenen[41] entwickelt, auf andere Fragen zugeschnitten hat[42]. Seine Konzeption, daß die Institutionen die Rechtsnormen schaf-

---

dem Normgehalt des Art. 6 Abs. 1 GG, aus einer Interpretation des Begriffes Ehe zu rechtfertigen versuchen, und andererseits solchen, die von außen her für die Verfassungsmäßigkeit sprechen könnten, nämlich aus dem Gesichtspunkt des Institutionenschutzes. Die Unterscheidung überzeugt jedoch zumindest aus der hier relevanten Perspektive nicht. Zum einen müssen auch für eine interpretative Beschränkung Argumente „von außen" herangezogen werden, da es keinen reinen, von äußeren Einflüssen freien und immer gültigen Begriff der Ehe gibt. In seinen Darlegungen diskutiert Müller-Freienfels dann auch Argumente wie die eventuelle Anstößigkeit einer entgegen § 6 EheG beabsichtigten Ehe oder die Anknüpfung des Art. 6 Abs. 1 GG an vorgefundene, überkommene Lebensformen. Zum anderen müßte auch die zu schützende „äußere" Institution Ehe, soll ihr Schutz verfassungsgemäß sein, in die Grundrechtsnorm Eingang finden. Das Bundesverfassungsgericht (NJW 74, 545 ff.), auf das Müller-Freienfels sich beruft, nimmt diese scharfe Trennung auch nicht vor, sondern hält sich an eine eher topische Argumentationsfolge. So erörtert es unter dem Stichwort Institution u. a. die Anstößigkeit der beabsichtigten Ehe, die Anknüpfung vermutlich nur deshalb nicht, weil die Institution nicht mehr nach ihren Hintergründen befragt wird.

[37] Zur Geschichte, Bedeutung und Kritik des Institutionsbegriffes insbesondere im Eherecht vgl. E. Wolf in Wolf / Lüke / Hax, S. 242 ff.; dazu die Literaturhinweise bei Dölle, S. 54, FN 20; vgl. auch Lüderitz, Gutachten, S. B 23 ff.

[38] Auch das Bundesverfassungsgericht (NJW 74, 545, 547) setzt sich z. B. nur in der Weise mit dem Gesichtspunkt des Institutionsschutzes auseinander, als es mögliche Beeinträchtigungen der Institution Ehe überprüft. Es legt aber an keiner Stelle dar, was es unter dieser Institution versteht.

[39] u. a. Bosch, Ehe und Familie, S. 61.

[40] Vgl. auch Streck, S. 46, FN 49.

[41] z. B. Staat, Gewerkschaft, Aktiengesellschaft, Bank von Frankreich, Stadt Paris usw.

[42] Vgl. M. Hauriou, S. 35 ff.; dazu Schild, S. 17 f. Bezeichnend sind auch die von Hauriou erarbeiteten drei konstitutiven Elemente der Personen-Institutionen (institutions-personnes):

1. die Idee des in einer sozialen Gruppe zu schaffenden Werks (idée d'oeuvre, idée directrice),
2. die im Dienste dieser Idee stehende organisierte Macht,
3. die Gemeinsamkeitsbekundung, die innerhalb der sozialen Gruppe mit Bezug auf die Idee und ihre Verwirklichung erfolgen (S. 35 f.).

Aber auch die Sach-Institutionen (institutions-choses), bei denen die Elemente der organisierten Macht und der Gemeinsamkeitsbekundungen nicht in die Idee vom Werk einbezogen sind, außerhalb dieser verbleiben, sind für die Ehe keine geeignete Grundlage. Als Beispiel nennt Hauriou die sozial fest verankerte Rechtsnorm (weshalb Häbler, S. 104 ff., hier anknüpft) und weist darauf hin, daß diese — im Gegensatz zur Personen-Institution fen, nicht aber die Rechtsnormen die Institutionen[43], erscheint einseitig. Bedenklich wird sie dann, wenn man versucht, eine vorgeblich ursprüngliche Institution bei gegenläufiger Entwicklung mit Hilfe von Rechtsnormen und staatlichem Zwang aufrechtzuerhalten und durchzusetzen[44], vor allem in einem so subtilen und persönlichen Gebilde wie der Ehe.

Soziologisch gesehen mögen sich durchaus bestimmte Formen und Verhaltensweisen herausgebildet haben und immer wieder herausbilden[45], die ein gewisses Gleichmaß, mehr oder weniger Stabilität aufweisen. Es ist aber etwas anderes, ob eine soziologische Theorie sich zur Erarbeitung und Darstellung bestimmter sozialer Vorgänge eines bis zu einem gewissen Grade schematisierenden, notwendigerweise vereinfachenden empirischen Verfahrens bedient, oder ob eine Rechtsnorm vom einzelnen und seinem konkreten Anderssein abstrahiert, um ihn in ein Verhaltensschema zu zwingen[46]. Von solchen empirischen Feststellungen zu juristischen und d. h. normativen Positionen ist also noch ein weiter Weg[47].

Zum einen wäre nämlich nachzuweisen, daß nicht nur die Ehe ganz allgemein eine Institution ist, sondern daß diese oder jene gerade in Frage stehende Verhaltensweise, Gestaltung des ehelichen Verhältnisses institutionalisiert ist[48]. Zum anderen setzte die Entwicklung zur

— nicht „ein Handlungs- und Unternehmensprinzip darstellt, sondern ... ein Prinzip der Beschränkung“ (S. 35).

Kritisch zu Haurious Institutionenlehre sowie zum neoscholastischen Ursprung der Arbeiten von Renard und Delos: Friedmann, Legal Theory, S. 239 ff.; gegen ihn wiederum Brimo, S. 323 mit zahlreichen Nachweisen, insbesondere S. 327; weiterhin Gurvitch, S. 108 ff., 114 ff.; Häberle, insbesondere S. 73 ff., 87 ff., 104 ff.; zuletzt Schild, S. 3 ff., insbesondere S. 14 ff. und Fikentscher, Maurice Hauriou, S. 559 ff. m. w. N.

43 Hauriou, S. 65.

44 Weniger die „formulierte idée directrice“ (Luhmann, S. 27, 32) als die Steigerung normativer Härte ist der Anfang vom Ende einer Institution, weil sie die Spirale von Druck und Gegendruck erzeugt.

45 Luhmann, S. 28, spricht daher richtiger von (dem Prozeß) der „Institutionalisierung“. Diese geschichtliche Relativierung läßt wesentliche Fragen in einem anderen Licht erscheinen als die Bezugnahme auf starre Institutionen.

46 Daß dieser Unterschied nicht beachtet wird, ist wohl die Ursache vieler Kurzschlüsse. Beispielhaft: Gehlen, S. 95 ff., der zudem jedes Gemüse in den Eintopf „Institution“ wirft (S. 100).

47 Vgl. auch Desqueyrat, S. 234; Engisch, Konkretisierung, S. 114 m. w. N.; Wolff, S. 260 ff.

48 Siehe oben Kapitel VIII 1.

In dem Zusammenhang stellt sich vor allem das Problem der Konkretisierung bzw. der Offenheit von Institutionen (Luhmann, S. 34: „Generalisierung von Sinngrundlagen“). „Offene“ Institutionen werden gerne mißbraucht, indem man die gewünschte Konkretisierung in sie hineininterpretiert, um sie sogleich aus dem Himmel der institutionell vorgegebenen Werte wieder zu deduzieren.

Norm in einem Bereich wie diesem voraus, daß gerade dieser institutionalisierte Tatbestand notwendig ist zur Berücksichtigung von im Verhältnis zur Selbstbestimmungsforderung erheblichen Fremdbetroffenheiten oder aber zur Sicherung der Existenzmöglichkeiten oder Menschenwürde eines der Partner[49].

Zumindest die zweite Forderung (nach der Normativität der Institution) ist aber dann nicht erfüllt, wenn es um die „Pflicht zur ehelichen Treue“, zum „ehelichen Verkehr in ehelicher Zuneigung“, zur „Erzeugung und dem Empfang von Kindern“, zur Zurückstellung verwandtschaftlicher Beziehungen zugunsten der Ehe, zum Unterlassen allabendlichen Ausgangs[50] usw. geht. Ausreichende Fremdbetroffenheiten liegen hier nicht vor. Im übrigen nähmen entsprechende Pflichten allenfalls auf die Bedürfnisse der einen Seite Rücksicht. Das Verhältnis der gegenseitigen Interessen können nur die Ehepartner selbst herstellen, ohne daß es sich von einem „objektiven“ Standpunkt aus auch nur beurteilen ließe. Am ärgsten betroffen durch eine heteronome Regelung wird allerdings die Autonomie beider, die ihrerseits Bestandteil der menschlichen Würde ist. Ein Elementarschutz jedes einzelnen ist zudem durch die allgemeinen Gesetze (wie z. B. das Verbot der Körperverletzung usw.) gegeben. Eine darüber hinausgehende Garantie sittlicher Pflichten, einer idealen Ehe kann auch eine normative Institution nicht leisten. Die Feststellung einer Institutionalisierung aus soziologischer Sicht ist mangels einhelliger Kriterien bereits zweifelhaft[51]. Die Normativierung solcher lediglich soziologisch begründeter Institutionen ohne weitere Untersuchung der rechtlichen Voraussetzungen — des eigentlich juristischen Problems der Institutionen — ist unzulässig.

Dasselbe gilt für Institutionen, Wesenheiten, Eheordnungen mythischen[52], religiösen[53] oder sonst traditionellen[54] Ursprungs. Auch das

---

[49] Das Umschlagen vom Faktum zur Norm kann eben nicht allgemein dem Umschlagen der Quantität in Qualität gleichgesetzt werden, wie Häberle, S. 108, 110, verkürzt das „institutionelle Phänomen“ sieht.

[50] Beitzke, S. 57.

[51] Sofern man auf einen Konsens der an dem jeweiligen Lebensverhältnis Beteiligten abstellt: Wie läßt sich ein solcher Konsens ermitteln? Werden die Beteiligten überhaupt gefragt oder sind die Institutionen „eben nur durch unterstelltes Meinen gedeckt?“ (Luhmann, S. 33); S. 30: „Institutionalisierung dient dazu, Konsens erfolgreich zu überschätzen“; Schelsky, S. 23: „Indem die Institutionen aber auf ihren Zweck, ihren lebensdienlichen Nutzen hin abgefragt werden, schwindet der Glaubenswert ihrer Leitideen gegenüber einem zweckrationalen Verhalten ihnen gegenüber.“ Hier werden also zwei verschiedene Arten des Konsenses gegeneinandergestellt und bewertet.

[52] Dazu Taubes, S. 75.

[53] Zu den christlichen Institutionenlehren vgl. u. a. Rendtorff, S. 141 ff.; Marsch, S. 127 ff.; die Beiträge in: Recht und Institution, hrsg. von H. Dombois; speziell in bezug auf die Ehe vgl. Müller-Freienfels, Ehe und Recht, S. 77 ff., 79 ff.

christlich-abendländische Vorstellungsbild kann deshalb kein rechtlich verbindliches Modell abgeben[55]. Vor allem eine so ausschließliche Auffassung wie z. B. die von Delos: „Le mariage est un contrat dont l'objet est nettement déterminé: si je ne suis pas libre de le modifier, je le suis de demeurer célibataire ..."[56], welche im Bereich der Ehe jede Gestaltungsfreiheit leugnet und praktisch nur eine recht fragwürdige „Abschlußfreiheit" übrigläßt[57], kann den Ansprüchen staatlicher Normsetzung nicht genügen.

Es ist ein oberflächliches Denken, das an Institutionen, sozialen Verhaltensformen, vorgeblich „sachlogischen Strukturen", nicht hinterfragten „Wesenheiten" ansetzt, ohne zu den konkreten Bedürfnissen des konkreten Menschen vorzudringen und die Institutionen auf ihre Richtigkeit, Angemessenheit, Notwendigkeit, Menschlichkeit, umgekehrt auf ihre eventuelle Schädlichkeit, Fremdheit, auf ihre unterdrückende oder gar zerstörende Wirkung, ihre Unmenschlichkeit[58] zu untersuchen. Derart verselbständigte, nicht mehr auf den konkreten Menschen bezogene und seine Autonomie respektierende Institutionen, dieses den Menschen „tyrannisierende Gesellschafts-Etwas"[59] bieten keine Kriterien für die Entscheidung von Sachfragen, sondern allenfalls Kryptoargumente[60].

---

[54] Ryffel, S. 461, rechnet die Institution Ehe als vorgeprägtes überindividuelles Ordnungsmodell einer politischen Ordnung „erster Stufe" zu, die noch nicht den „Schritt in der Richtung auf eine offene und unabgeschlossene Entfaltung aller Menschen" getan hat. Vgl. auch S. 472.

[55] Vgl. aber etwa BVerwGE 9, 354, 356; Ermecke, Sp. 999: „Die Ehen der Ungetauften, auch für den Staat schon etwas ‚Heiliges', unterstehen dem Naturrecht, wie es die Kirche gültig verkündet." Auch nach Hoffmann / Stephan, § 4, Anm. 2, diente u. a. der kürzlich vom Bundesverfassungsgericht (NJW 74, 545 ff.) für verfassungswidrig erklärte § 4 EheG dem „Schutz der dem christlich-abendländischen Vorstellungsbild entsprechenden und in starkem Maße vom Sittengesetz beherrschten Institution der Ehe". Vgl. auch BVerwGE 10, 340, 343; Maunz / Dürig / Herzog, Art. 6, Rdn. 1; weitere Nachweise bei Streck (S. 46, FN 49).

[56] S. 142.

[57] Fragwürdig, weil die Ehe wegen ihres Ausschließlichkeitscharakters eine Art Monopolstellung einnimmt. Von einer „funktionalen Äquivalenz der Institutionen" (Schelsky, S. 19) kann also nicht die Rede sein.

[58] Ein grelles Licht auf das Menschenbild solcher Konzeptionen wirft der Satz: „Es ist besser, daß einmal eine Fehlehe juristisch bestehen bleibt, statt daß das Institut der Ehe generell Schaden nimmt und die sittliche Überzeugung vom Wesen der Ehe dadurch zerstört wird ...", Bosch, Neue Rechtsordnung, S. 54; vgl. demgegenüber Dölle, S. 54: „Es muß als das kleinere Übel erscheinen, mitunter ehezweckwidrige Eheschließungen hinzunehmen als auch nur eine Ehe zu Unrecht zu verweigern oder zu zerstören."

[59] „... im Zusammenleben mit dem Menschen hat sich ein Etwas ausgebildet, das nun mal da ist und nach dessen Paragraphen wir uns gewöhnt haben alles zu beurteilen, die anderen und uns selbst. Und dagegen zu verstoßen geht nicht ..." (Theodor Fontane, Effi Briest, 27. Kapitel).

[60] Zum Verhältnis Subjekt — Institution vgl. u. a. Ritter, S. 64; Schelsky, S. 11 ff., 21 ff., 24; Taubes, S. 75.

Soweit man schließlich unter einem Rechtsinstitut[61] „die Gesamtheit der auf ein Rechtsverhältnis sich beziehenden Rechtsvorschriften“[62] versteht oder „Komplexe von Rechtsnormen, welche einen Kreis von Rechtsverhältnissen regeln, die im Leben zusammengehören“[63], eine „rechtlich geordnete Grundform, in der sich das Gemeinleben bewegt“[64] oder den „Inbegriff von Rechtssätzen, der einem bestimmten Lebensverhältnis entspricht“[65] oder auch den „Inbegriff der auf die Rechtsverhältnisse einer bestimmten Art bezüglichen Rechtsvorschriften“[66], kann eine solche Teileinheit positiven Rechts sich nicht selbst stützen, nicht ihren eigenen Eingriff in die Autonomie der unmittelbar Beteiligten, der Ehepartner, mit ihrer bloßen Positivität oder mit dem Systemgedanken legitimieren. Genausowenig wie ein Rechtsinstitut, das auf der richterlichen Praxis basiert oder als Konglomerat aus gesetzlichen Gedanken, richterlicher Kasuistik und wissenschaftlichen Erörterungen entwickelt wird[67], schon als solches, also ohne materielle Bestimmungselemente, ohne eine Abwägung der jeweiligen Betroffenheiten und Autonomieforderungen zur Rechtfertigung hinreicht[68].

Auch für Begriffe wie „ontologische Gegebenheiten“, „objektive Sinnhaftigkeiten“, „Seinsgegebenheiten“, „Realitäten des Lebens“, „geistige Realitäten“, „fundierende-“, „vorgegebene Zwecke“[69], „Eigengesetzlichkeiten“[70] usw. stellen sich gleicherweise die Fragen einerseits der Nachweisbarkeit solcher Gegebenheiten, andererseits ihrer normativen Legitimation[71].

---

61 Dazu u. a. Müller-Freienfels, Ehe und Recht, S. 58 ff.; E. Wolf, Kritik, S. 79 ff.; sowie oben Kapitel VIII 2. b) Fn. 36.

62 Windscheid, S. 166.

63 Dernburg, S. 106.

64 Regelsberger, S. 73.

65 Otto v. Gierke, Bd. 1, S. 124.

66 Enneccerus / Nipperdey, 1. Halbbd., S. 428.

67 Meyer-Ladewig, S. 97 ff., 104.

68 Der aus den drei Elementen: Zweck, soziale Wirklichkeit und Rechtsordnung zusammengesetzte Begriff Steigers (S. 91, 105 ff., 109), der selbst die Freiheit in die Institution bzw. das Institut integrieren will (S. 108, 115, 118; vgl. auch Häberle, u. a. S. 93), hilft auch nicht weiter. Er kann kein Argument für die Auseinandersetzung bieten, weil er die Auseinandersetzung selbst integriert, das ganze Problem schluckt, indem die potentiell widersprüchlichen Elemente begrifflich in der Institution zusammengefaßt werden.

69 Steiger, S. 109 ff., 111.

70 Häberle, S. 100 f.; vgl. auch Müller-Freienfels, Ehe und Recht, S. 43 ff., 73 f.

71 So fällt am Beispiel von Steiger auf, der zwar die Institution von „Ideologien“, von „unverifizierbaren Wesen und Werten“ reinigen will, daß er die Beurteilbarkeit der Ehe („einfaches Statusverhältnis“, S. 107) von den Institutionen her sichert, indem er auf das Medium ebensowenig nachgewiesener, lediglich postulierter, „vorgegebener“ Zwecke zurückgreift. Zudem sieht er nur die eine Seite des Problems, wenn er das Unbehagen an

Gernhubers pragmatische Ehelehre endlich kommt ebensowenig über die Klippe der normativen Frage hinweg. Nach seiner Abkehr von den institutionellen (wie auch den interindividuellen) Ehelehren befällt ihn ein horror vacui: „Die bürgerliche Ehe kann aber auch nicht nur eine inhaltsleere Hülle sein, die mit Inhalt zu erfüllen allein den Ehegatten aufgegeben ist“[72]. Daher verdichten sich die sozialen Verhaltensmuster — auf die der einzelne einen Anspruch habe — in Teilbereichen zu zwingendem Recht. Entscheidend sind nunmehr die, wenn auch „von religiösen und metaphysischen Hintergründen“ befreiten, „Vorstellungen, die sich mit der Ehe landläufig verbinden ...“[73]. Wie diese Abstraktion der „landläufigen Vorstellungen“ von ihren religiösen, metaphysischen und sonstigen Quellen vollzogen werden soll, bleibt offen. Die Anlehnung an die — wie auch immer zu ermittelnden — sozialen Verhaltensmuster, ja an den „Zeitgeist“[74], hat einen äußerst flexiblen, anpassungsfähigen Ehebegriff geboren, der durchaus Spielraum für Entwicklungen und Reformen läßt. Aber dort, wo ihm verbindliche Kraft zuwächst, zwingt er abweichendes, individuelles, „frei gestaltetes“ Verhalten ohne Rechtfertigung, lediglich auf die „normative Kraft des Faktischen“ gestützt, in das soziale Gleichmaß, in das, was alle tun bzw. alle für richtig halten. In den praktischen Auswirkungen zeigen sich daher kaum erhebliche Differenzen zu den institutionellen Ehelehren[75]: Institutionelle und pragmatische Ehelehren finden „im § 1353 BGB den rechtlichen Ausdruck des gegenwärtigen (sicherlich zeitbedingten) Eheverständnisses mit vielen klar konturierten und fixen Ausagen“[76].

den Institutionen allein mit deren mangelnder Verifizierbarkeit erklärt (S. 110). Ebenso bedeutsam ist der heteronome Charakter ihrer Normen.

Nach Häberle legen sich die „vorgefundenen“ oder auch von der Verfassung geschaffenen Eigengesetzlichkeiten dem Individuum mit dem „Eintritt“ in die objektiven Lebensverhältnisse (etwa die Ehe) verpflichtend auf. „Das Leitbild der Ehe“ nimmt als „idée d'oeuvre“ in der Wirklichkeit Gestalt an, gestaltet das „objektive Lebensverhältnis“ (vgl. S. 105 f.) und erschleicht sich so unmerklich normative Wirkung: „Die individuelle Freiheit zeigt sich hier als eine von vornherein auf diese Lebensverhältnisse bezogene Freiheit“ (S. 100). In diesen Formulierungen verliert die Freiheit ihre Farbe. Zweifellos sind die jeweiligen Verhältnisse von Freiheit und Bindung sehr komplex und nicht in Schemata zu zwingen (S. 96). Aber die Komplexität darf nicht als Vorwand dienen, das immer wiederkehrende Verhältnis von Individuum und Staat, von Freiheit und Schranke, von Autonomie und Heteronomie zugunsten einer „objektiven Ordnung“ zu vernachlässigen (dazu auch Steiger, S. 106 ff., 111).

72 S. 21.

73 Gernhuber, S. 21.

74 Gernhuber, S. 22; dazu Ramm, Grundgesetz und Eherecht, S. 10, FN 25. Ähnliche Auswirkungen dürfte die Konkretisierung der ehelichen Lebensgemeinschaft durch die Sitte haben (vgl. Beitzke, S. 52).

75 Gernhuber verteidigt sich zu Recht dagegen, in die Nähe von E. Wolfs Eheauffassung gerückt zu werden; S. 21, FN 1.

76 Gernhuber, S. 149.

In den persönlichsten Verhaltensräumen, sei es individueller, sei es zwischenmenschlicher Art, ist der einzelne und sind die Partner nicht an die Trägheit oder Dynamik gesellschaftlicher Auffassungen gebunden[77]. Weder soziale Verhaltensmuster noch Institutionen noch der Zeitgeist, oder wie sich die fremden Instanzen sonst nennen mögen, haben dort ein Recht über ihn.

c) Die Beurteilung nach Maßgabe der Betroffenheiten und Autonomieforderungen

Es müssen also die jeweils einschlägigen sachlichen Gesichtspunkte[78], d. h. die empirisch feststellbaren Gegebenheiten und die darauf beruhenden Betroffenheiten und Interessen herausgestellt und in Verhältnis zueinander gesetzt werden. Erst eine Abwägung dieser Faktoren mit der Selbstbestimmungsforderung kann auf die Frage nach der Zulässigkeit oder auch nach der Notwendigkeit zur Beschränkung einer bestimmten Regelung Antwort geben[79]. Am wenigsten lassen sich aber die ehelichen Rechte und Pflichten aus allgemeingültigen Institutionen, Wesen, Begriffen, Definitionen oder ähnlichem ableiten. Soweit eine rechtliche Definition und Abgrenzung[80] der Ehe notwendig ist zur Regelung sozialer Tatbestände, die einer Regelung bedürfen (sei es zur Anknüpfung unterhaltsrechtlicher, steuerrechtlicher oder welcher Vorschriften auch immer), darf damit nicht auf die persönlich-autono-

---

77 Adorno, Eingriffe, S. 118; vgl. auch die Begründung zum RegE 1. EheRG, BT-Drucks. 7/650, 1. Teil VII 2. b), S. 72.

78 Pawlowski, S. 317.

79 So auch Pawlowski, S. 321, FN 146, der meint, die Bewahrung überkommener sittlicher Grundsätze reiche nicht aus, um ein öffentliches Interesse am Bestand kinderloser Ehen zu rechtfertigen, weil damit die Autonomie der Partner verletzt werde. Er begründet die staatliche Eingriffsbefugnis in „die freie Verfügung der Ehegatten über den Bestand der Ehe" dann — merkwürdigerweise ohne einen Verstoß gegen diesen Grundsatz zu erkennen — mit den Bedürfnisse einer dynamischen Industriegesellschaft. „Es mag dabei eine Rolle spielen, daß diese (die ‚europäische Form der Ehe') auf die Kleinfamilie ausgerichtete Organisationsform menschlichen Zusammenlebens gerade den Grad von Beharrungstendenz und Mobilität begünstigt, der den Bedürfnissen einer Industriegesellschaft entspricht" (S. 322 f.).

Wenn aber die empirische Forschung derartige Zusammenhänge ergibt, so heißt das noch lange nicht, daß damit auch in dem „intim-sozialen" Verhältnis der kinderlosen Ehe gearbeitet werden darf. Es würde vielmehr eine Degradierung des Individuums zur Marionette in dem verselbständigten Apparat einer bestimmten Produktionsform bedeuten, sollte es auch noch sein Zusammenleben mit dem Partner, seine Ehe dem unterordnen: Nicht etwa die Produktionsverhältnisse hätten sich auf den Menschen einzustellen, seinen Bedürfnissen gerecht zu werden, sondern umgekehrt. Mobilität bzw. Beharrungstendenz sollten sich, soweit im Allgemeinwohl erforderlich, mit adäquateren, weniger sachfremden und ehrlicheren Mitteln regeln lassen; ehrlicher, weil dazu die Begründungen offenzulegen wären.

80 BVerfG NJW 74, 545, 546.

men Verhältnisse und Verhaltensweisen Einfluß genommen werden, darf man über den Umweg nicht den Inhalt der Ehe regeln wollen, sondern nur dementsprechend sachliche Kriterien setzen.

Um die oben aufgeworfenen Fragen zu beantworten[81]: wegen der überragenden Autonomieforderung, mangels vergleichsweise erheblicher sozialer Erfordernisse und mangels Eignung des rechtlichen Instrumentariums kann es nicht Sache des Rechts sein, eheliche Treue durchzusetzen oder auch nur zu befehlen, einen (selbst nur scheinbar) treuwidrigen Umgang zu verhindern oder zu untersagen, die Geschlechtsgemeinschaft als Rechtspflicht aufzuerlegen, gar Maßstäbe für den „richtigen ehelichen Verkehr" zu setzen, die Achtung des Partners anzuordnen oder deren Äußerungen zu beurteilen, über die notwendige und ausreichende Rücksichtnahme auf ihn zu befinden, die Teilnahme an den Interessen des anderen zu konkretisieren, eventuell einen bestimmten verwandtschaftlichen, bekanntschaftlichen oder freundschaftlichen Umgang mit Dritten zu verwehren, beschränken oder als Eheverfehlung zu werten, Rechte bzw. Pflichten zum Genuß von 5 Glas Milch täglich, Reformküche oder Fernsehen anzuerkennen.

Die ehelichen „Rechte" und „Pflichten", soweit sie in individueller oder auch partnerschaftlicher Hinsicht persönlich verankert sind, unterliegen nicht staatlich-heteronomer Regelung. Auch eine indirekte Sanktionierung, wie sie etwa ein Verschuldensprinzip im Scheidungsrecht mit sich bringt, wird der Autonomie der Ehepartner nicht gerecht.

Daß ganz allgemein im Eheschließungs- und Eheauflösungs- bzw. Scheidungsrecht dieselben Grundsätze gelten, soll hier nur angedeutet werden[82]. Die Zusammenhänge insbesondere des Scheidungs- bzw. Auflösungsrechts mit den Fragen der „ehelichen Lebensgemeinschaft" werden schon daran deutlich, daß man dort, wo keine Rechtspflichten bestehen, auch keine Eherechtswidrigkeiten feststellen kann, an die sich Sanktionen der Scheidungsfolgen knüpfen ließen[83].

---

[81] Kapitel VIII 2. S. 76.

[82] Einen Schritt in der Richtung ging das Bundesverfassungsgericht (NJW 74, 545 ff.) in Ergebnis und Begründung mit dem Urteil der Verfassungswidrigkeit von § 4 Abs. 2 EheG (Eheverbot der Geschlechtsgemeinschaft). Die Gründe lassen erkennen, daß § 6 EheG (Eheverbot des Ehebruchs) dasselbe Schicksal ereilen wird. Dazu auch Lüke, S. 2177, 2181; Ramm, Eheverbot, S. 48 ff., der in dem Zusammenhang ausdrücklich von einem „gesetzesfreien und rechtsfreien" Bereich spricht (FN 13); Ramm, Grundgesetz und Eherecht, S. 25, 31; Müller-Freienfels, Eheverbot, S. 305 ff.; hinsichtlich der Unvereinbarkeit dieses Eheverbots mit Art. 12 MRK Guradze, Kommentar, Art. 12 A. 11; zum Eheverbot der Schwägerschaft vgl. Ramm, Eheverbot, a.a.O.; vgl. auch: Eherechtskommission, III. Teilbericht, S. 71 ff., 80 f.

[83] Demnach dürfte wohl nur ein formales Zerrüttungsprinzip den Erfordernissen der Selbstbestimmung der Partner gerecht werden, das dem einverständlichen Scheidungswunsch allenfalls eine relativ kurze Wartefrist entgegensetzt, dem einseitigen je nach den äußeren Umständen (sozialen

Die vielberufene „Objektivität" ist ein zu zweifelhafter Maßstab zur Beurteilung von Zerrüttungen, von Eheverfehlungen, von Verschulden gar, kurz: für die Bestimmung von Eheinhalten nicht geeignet. Die wesentlichen Wertungen können und sollen nur von den unmittelbar Beteiligten getroffen werden. Wendet man demgegenüber ein, daß gerade die Beteiligten manches einseitig, verzerrt, zu vorbelastet, im Ergebnis also falsch sehen, so ist das nicht ganz richtig, weil für das persönliche Zweierverhältnis Ehe gerade diese Sicht entscheidend ist, in die hinein das Verhalten des Partners wirkt und aus der heraus die Reaktionen erfolgen. Es geht nicht an, demgegenüber ein vorgeblich objektives Ehemodell durchzusetzen, das im Grunde nichts anderes als fremde Wertungen enthält: die Wertungen der Durchsetzenden, insbesondere der entscheidenden Richter.

Der Schutz der Ehe im Sinne des Art. 6 Abs. 1 GG kann daher nicht bedeuten, daß die Partner ihr Eheleben vor der höheren Instanz des Staates offenzulegen und zu rechtfertigen hätten und sich dessen Wertungen und Eingriffe gefallen lassen müßten[84]. Hier ist es nicht „dem Vertreter des Staates überlassen, welche Details und welche Belehrungen er für richtig halte"[85].

Im Gegenteil: Das Recht ist hier berufen, der Selbstverwirklichung der Individuen zu dienen. Es hat dabei deren Wertungen hinzunehmen und ihnen bei der Lösung ihrer praktischen Schwierigkeiten, nämlich in Fragen des Unterhalts, der Verwaltung, der Außenbeziehungen usw., Hilfestellung zu leisten[86]. Das Recht überschreitet seine Grenzen nicht erst, wenn es „eheliche Gesinnung" oder gar Liebe befiehlt[87]. Es hat vielmehr in allen überwiegend persönlichen Fragen die Autonomie der Partner zu respektieren, d. h. deren Freiheit von fremder Setzung der Eheinhalte, aber auch von staatlicher Festschreibung der selbst gesetzten Inhalte. Weder die Vereinbarung einer bestimmten Gestaltung der

---

Härten usw.) eine etwas längere. Vgl. das schwedische Gesetz von 1974. Dazu Simson, Erleichterung, S. 406, 407; gegen eine „wertende Beurteilung des Richters" auch Pawlowski, S. 333 f.; Ramm, Grundgesetz und Eherecht, S. 21 ff., 32 ff.; Deubner, Zerrüttungsprinzip, S. 50 ff. Zur Kritik einer subjektiven, objektiven oder normativen Bestimmung der Zerrüttung vgl. Lüderitz, S. B 68 ff., der selbst durch fristgebundene Trennung „schematisierte" Zerrüttungstatbestände vorschlägt (S. B 96 ff.), die im Ergebnis einem formalen Prinzip nahekommen.

[84] Ramm, Grundgesetz und Eherecht, S. 22; vgl. auch Eherechtskommission (Scheidungsrecht), S. 30; Begründung zum RegE 1. EheRG, BT-Drucks. 7/650, 1. Teil VII 2. c), S. 72.

[85] Heinrich Böll, Die verlorene Ehre der Katharina Blum, Kap. 28.

[86] Lidbom, Sachbearbeiterin des neuen schwedischen Reformgesetzes: „La loi doit être au service du citoyen; elle doit l'aider à résoudre ses problèmes pratiques de la manière la plus simple possible. Elle n'a pas à s'embarrasser de considérations éthiques.", zitiert nach Le Monde vom 29. August 1974, S. 5.

[87] So aber Streck, S. 34 m. w. N.

Ehe[88], noch ein längeres Verhalten und darauf gründende Gewohnheiten, Vertrauenstatbestände usw.[89] können eine rechtliche Bindung in diesen Bereichen legitimieren. Die Gestaltungsfreiheit umfaßt auch die heute und morgen zu fällenden Entscheidungen, ist auf die Dauer, die Entwicklung der Ehe gerichtet und nicht durch deren Vergangenheit begrenzt. Diese Ehe und diese Freiheiten in der Ehe sind gemäß Art. 6 Abs. 1 GG Gegenstand staatlichen Schutzes. Der Anwendungsbereich des § 1353 BGB ist dementsprechend um die persönlichen Bereiche zu verkürzen. Soweit die „ehelichen Pflichten" also höchstpersönlicher Natur sind, stellen sie keine Rechtspflichten dar[90]. Hier herrscht ein rechtsfreier Raum. Die Freiheit ist keine Freiheit von Rechtes Gnaden, keine Freiheit, die das Recht den Ehepartnern „gibt"[91], sondern eine dem Recht gegenüber normative, ihm vorgegebene, von ihm zu beachtende und zu schützende Freiheit.

Zudem ist auch ein sich unzulässigerweise heteronom aufdrängendes Recht dem Rechtsbewußtsein nicht sehr förderlich, weil seine Normen als Fremdkörper und als Zwang empfunden werden, nicht aber als Bestandteile einer notwendigen, dem Menschen dienenden Ordnung[92]. Das führt dann leicht dazu, daß die normalerweise von einer Regelung Erfaßten und zu Erfassenden auf andere soziale Formen ausweichen, auf die „union libre", die „situations de fait": „ménage de fait", „séparation de fait"[93], auf die sog. „wilde Ehe", die „freie Ehe"[94], die „freie Lebensgemeinschaft", auf die faktische Trennung usw.[95]. Oder aber die geltenden Normen werden — wie vor allem im Scheidungsrecht — umgangen, sei es durch eine überdehnende Auslegung, sei es durch Konstruktion der Voraussetzungen („Praxis des gefälschten Beweises")[96]. Die Folge ist dann die Unanwendbarkeit auch der durchaus berechtigten und gar notwendigen Normenkomplexe[97], ein erheblicher Effektivitätsverlust des Rechts also.

---

88 Die Ehe ist nicht mit schuldrechtlichen Verträgen, auch nicht mit dem Arbeitsvertrag vergleichbar. Vgl. hingegen Gamillscheg, S. 548.

89 Zu Strecks Vertrauenstheorie, siehe oben S. 99, FN 2.

90 Vgl. auch Pawlowski, S. 326.

91 So aber die Formulierung von Beitzke, S. 24.

92 Vgl. auch Grunsky, Ehescheidungsreform, S. 134, 135 f.

93 Dazu Carbonnier, l'hypothèse, S. 62 f.

94 Vgl. Carl, S. 15 ff.

95 Vgl. auch Simson, Erleichterung, S. 406 f.; Thomas, S. 15 m. w. N.; Stückrath, S. 3 ff.

96 Dazu u. a. Friedmann, Recht und sozialer Wandel, S. 224; Eherechtskommission (Scheidungsrecht), S. 27, 31; auch Müller-Freienfels, Ehe und Recht, S. 49 f.; Lüderitz, S. B 5, B 12 ff.

97 Zu derartigen Problemen vgl. etwa die Beispiele bei Stückrath, S. 1 f. sowie seine Ausführungen §§ 4 ff.

Kapitel IX

Ausblick auf weitere Beispiele und Grenzfälle

1. Rechtsfreiheit in weiteren Lebensverhältnissen und Tätigkeitsbereichen

Fährt man nun in quantitativer Erweiterung der Betroffenheiten fort zu Verhältnissen und Lebensbereichen, die einen weiteren Personenkreis angehen, so wären etwa Gruppierungen zu erörtern, die zwar über die extrem persönlichen Freundschaftsverhältnisse, die Ehe usw. hinausgehen, andererseits aber auch noch keine umfassende Öffentlichkeit erreichen, also z. B. kleinere, vornehmlich nicht gewerblich orientierte Gesellschaften oder Vereine. Daß die Rechtsfreiheit hier gegenüber rechtlicher Regelungsbefugnis erheblich zurücksteckt, wird schon an den gesetzlichen Regelungen (der Gesellschaft bürgerlichen Rechts oder auch des Vereinsrechts) deutlich. Dennoch finden sich auch hier Restbestände von Freiräumen, die sowohl der Gesetzgeber als auch der Richter zu respektieren haben. So kann etwa einem Gesangverein nicht mit staatlicher Autorität vorgeschrieben werden, was und wie er zu singen hat. Einem Sportverein steht ein gewisses Maß an unentziehbaren Selbstbestimmungsrechten zu. Im einzelnen ist der Grad der Rechtsfreiheit abhängig von einer ganzen Reihe von Faktoren: von Gegenstand und Größe des Vereins, von der Ausstrahlungskraft (Anhängerschaft, Publikum), von der Art der Finanzierung (eventuelle Subventionen). Für ein großes, von einer Gemeinde, einem Land unterhaltenes Symphonieorchester gelten daher andere Sätze als für eine private kammermusikalische Vereinigung oder eine Jazzband.

Eine eingehende Erörterung der Detailfragen würde zu weit führen und zudem über den rechtsfreien Raum kaum wesentlich Neues ergeben.

Begreift man die Freiheitsbereiche weniger von der jeweiligen sozialen Gruppierung her als vielmehr von dem Gegenstand eines Verhaltens — wie schon oben die Beispiele des Spiels, des rein geselligen Verkehrs, auch des Sexualverhaltens[1] —, so drängen sich Begriffe auf wie z. B.: die Freiheiten der Information oder Meinungsäußerung, der Religion, der Kunst, der Wissenschaft. Zweifellos zeigen sich da Bastionen der Rechtsfreiheit. Der Staat darf dem einzelnen nicht vorschrei-

[1] Vgl. Kapitel III, IV, VII.

ben, was er zu lesen, was er sich anzuhören hat, welche Meinung er zu haben oder zu bilden hat; er darf grundsätzlich auch nicht in die Äußerung seiner Meinungen regelnd eingreifen. Das gilt selbstverständlich auch für politische Information, Meinungsbildung und -äußerung. Diese Freiräume von rechtlicher Regelungsbefugnis folgen sowohl aus der Autonomie des Individuums als auch aus den Erfordernissen eines menschenwürdigen, von den Grundsätzen der Gleichheit und Mitverantwortlichkeit geprägten Zusammenlebens. Der Demokratiegedanke lebt von möglichst weitgehender gegenseitiger Information und freier Kommunikation. Daß eine staatlich autoritative Festsetzung von Glaubensinhalten, Bekenntnisformen usw. nicht zulässig ist, bildet heute einen wesentlichen Bestandteil fast aller Menschen- und Freiheitsrechtskataloge. Weitgehend anerkannt sind auch bestimmte Freiräume in Kunst und Wissenschaft. Wenn die Religionsfreiheit vor allem der tiefen persönlichen Betroffenheit des Individuums durch seine Glaubensüberzeugungen und deren Manifestationen entspringt, so tritt bei Kunst und Wissenschaft die Unmöglichkeit einer sachgemäßen Typisierung auf weiten Gebieten an erste Stelle. Bezeichnend sind schon die kaum lösbaren Schwierigkeiten, welche die Abgrenzung des Begriffs Kunst im Sinne des Art. 5 Abs. 3 GG mit sich bringt. Es muß genügend Spielraum für nicht im Vorhinein erkennbare Entwicklungen, Erfindungen bleiben. Der Gesichtspunkt der Spontaneität ist auch hier von Bedeutung. In ähnlicher Weise unvorhersehbar sind die Entdeckungen und Erkenntnisse der Wissenschaften. Eine von sachfremden Zwängen freie Hypothesenbildung und ebenso freie Möglichkeiten des Verifizierens oder Falsifizierens sind notwendige Voraussetzungen für wissenschaftlichen Fortschritt, soll sich nicht „die Winkelsumme im Dreieck ... nach den Bedürfnissen der Kurie" bestimmen[2].

Allerdings wird auch gerade am Beispiel der wissenschaftlichen Forschung die Notwendigkeit von rechtlichen Grenzen ersichtlich, vor allem dort, wo Forschung und Anwendung von Forschungsergebnissen nicht deutlich gegeneinander abgegrenzt werden. Das Experimentieren mit Menschen ist, abgesehen von relativ ungefährlichen und notwendigen Versuchen z. B. in der Behandlung mit einigermaßen erprobten neuen Medikamenten, auch rechtlich unzulässig. Bei der Besorgnis erheblicher Gefahren, wie sie etwa die Manipulation genetischer Strukturen im Bereich der Humanbiologie oder die Nutzung radioaktiver Stoffe eröffnen, kann eine rechtliche Regelung und Absicherung selbst in einem Stadium erforderlich werden, in dem die Zusammenhänge und Mißbrauchsmöglichkeiten noch nicht bis in Einzelheiten geklärt sind[3].

---

[2] Galilei in: Bertolt Brecht, Leben des Galilei, 8. Bild.

[3] Zu einem ähnlichen Problem im Bereich der Erfassung des Menschen durch die EDV, vgl. Benda, S. 23, 26.

Dann gehen die Erfordernisse des Zusammenlebens, des Schutzes von Individuum, Gesellschaft und Umwelt der Freiheit der Wissenschaft vor. Andererseits liegt aber auch in den Bereichen von Kunst und Wissenschaft die weitgehende Freiheit von rechtlichen Bindungen nicht zuletzt im sozialen, gesellschaftlichen, öffentlichen Interesse.

Diese Fragenkomplexe sollen nicht weiter ausgeführt werden, da sie den Problemkreisen der jeweiligen Freiheitsrechte des Grundgesetzes zugehören und dort vielfältig behandelt sind.

2. Grenzfälle

Zur Abgrenzung sei schließlich auf Situationen, Sachverhalte, Erscheinungen hingewiesen, bei denen die Qualifikation als rechtsfreie Räume fraglich erscheinen mag, die unter Umständen als „rechtsfrei" bezeichnet wurden, die teilweise aber nicht mehr die Bedingungen der hier konzipierten Figur des rechtsfreien Raums erfüllen.

a) Unlösbare Wertkonflikte (strafrechtsfreie Situationen)

Hierher gehören Situationen, in denen die Rechtsordnung keine Verhaltensanweisung mehr geben kann, in denen sie nicht mehr überzeugend mit dem Anspruch auf Allgemeingültigkeit Wertungen treffen kann, die Lösung von Wertkonflikten, von Güter- bzw. Pflichtenkollisionen vielmehr dem einzelnen in seiner je individuellen Lage überlassen muß.

Eine derartige Kapitulation des Rechts vor Wertwidersprüchen zeigt sich etwa in verschiedenen Fällen der Kollision gleichwertiger oder unabwägbarer Güter, die oft unter dem Stichwort „übergesetzlicher Notstand" erörtert werden[4]. Soll derjenige, der die Möglichkeit hat, durch Aufopferung von Menschenleben andere Menschenleben zu retten, aktiv in das Geschehen eingreifen und dadurch den Tod der einen mitverursachen? Oder soll er, indem er jede Mitwirkung verweigert, den Tod der anderen, eventuell einer größeren Zahl, vielleicht gar aller passiv geschehen lassen[5]? Hier ist aus objektiver Position keine Ent-

---

[4] Dazu vor allem Fehsenmeier, S. 1 ff., 179 ff.; A. Kaufmann, RR, S. 327 ff., 337 ff., jeweils mit weiteren Nachweisen; Philips, Sinn und Struktur, S. 201 ff.

[5] Rechtsprechung und Lehre sind zu den einzelnen Fragen uneinheitlich. So wird etwa zu den „Euthanasiefällen" ein ganzer Fächer von Vorschlägen gebracht, die vom Rechtfertigungsgrund über den Schuld- und Strafausschließungsgrund zu einem bloßen Strafmilderungsgrund, ja zum Hinweis auf den Gnadenweg reichen.

Für einen Rechtfertigungsgrund: Klefisch, S. 258 ff.; Mezger in LK, 8. Aufl., 1. Bd., Bem. 10 vor § 51, S. 353; für einen Schuldausschließungsgrund: Hartung, S. 153 ff.; E. Schmidt, Anmerkung, Sp. 563 ff.; Welzel, Anmerkung, S. 375 f.; Gallas, Pflichtenkollision, S. 332 ff.; Schönke / Schröder, Vorbem. § 51, Rdn. 93;

scheidung zu treffen. Wer sich in der individuellen Situation nach bestem Wissen und Gewissen für das eine oder andere entscheidet, kann keinesfalls schuldig im Sinne des Strafgesetzbuches gehandelt haben. Andererseits kann sein Verhalten auch nicht rechtmäßig genannt werden. Den Opfern, die durch ein aktives Eingreifen in Todesgefahr geraten, ist ein „Notwehrrecht" nicht zu versagen[6]. Umgekehrt ist aber auch das Urteil der Rechtswidrigkeit fehl am Platze, weil hier eben nicht mehr zwischen rechtmäßig und rechtswidrig, d. h. zwischen objektiv „richtig" und „falsch" unterschieden werden kann, weil die Rechtsordnung gerade nicht mehr das eine empfiehlt oder gar befiehlt und von dem anderen abrät, es verbietet. Sie enthält sich der Stimme und muß sich der Stimme enthalten, weil die Situation sich ihren Möglichkeiten und Aufgaben entzieht[7]. Der Sachverhalt ist frei von strafrechtlicher Wertung.

Dennoch handelt es sich nicht eigentlich um einen rechtsfreien Raum, weil kein vom Sachverhalt her faßbarer, beschreibbarer, konkretisierbarer „Raum" zugrundeliegt. Es geht hier nicht um ein vom Gegenstand her bestimmtes Lebensverhältnis oder Verhalten, sondern um eine Situation, die lediglich durch den Wertkonflikt gekennzeichnet ist. Der Schiffskapitän, der einen Teil der Besatzung opfert, um den größeren Teil zu retten[8], der Euthanasie-Arzt, der eine Anzahl Patienten in die Todesanstalt schickt, um wenigstens einige vor dem Mord bewahren zu können[9], der Seilschaftsführer, der, um den einen Bergsteiger zu sichern, den anderen abstürzen läßt[10], haben nichts anderes miteinander gemein als die tragische Alternative: Tod des einen oder des anderen, Tod

---

für einen persönlichen Strafausschließungsgrund: OGHSt 1, 335 (dazu die Anm. E. Schmidt und Welzel, a.a.O.); OGHSt 2, 122 (dazu Anmerkung Hartung); Peters, Strafausschließungsgründe, S. 496 ff.; ders., Notsituationen, S. 742 ff.; kritisch zum OGH auch Bockelmann, Schuldlehre, S. 44 ff.; für einen bloßen Strafmilderungsgrund schließlich: Spendel, S. 509 ff. m. w. N.

Vgl. weiterhin die Nachweise bei Fehsenmeier, S. 197 ff. Zur Lösungsmöglichkeit über den Gnadenweg vgl. u. a. Scheel, S. 98 ff.; dazu Fehsenmeier, S. 165, 40 ff.

[6] Allerdings wohl kaum ein Notwehrrecht im herkömmlichen Sinne, da es eben nicht gegen eine rechtswidrige Handlung gerichtet ist. Dazu A. Kaufmann, RR, S. 328, 342.

[7] Vgl. insbesondere Engelhard / Radbruch, S. 23 f.; Fehsenmeier, S. 53 ff., 81 f., 227; auch die Argumentation von E. Schmidt, Anmerkung, Sp. 568 f.; Mezger, LK, 8. Aufl., 1. Bd., Bem. 10 vor § 51; v. Weber, S. 250; sowie bei A. Kaufmann, RR, S. 329 weitere Literaturhinweise.

[8] Dazu: Spendel, S. 522; Mezger, LK, 8. Aufl., 1. Bd., Bem. 10 vor § 51, S. 353, 354; H. Mayer, S. 179; Schönke / Schröder, Vorbem. § 51, Rdn. 93; v. Weber, S. 249; Lenckner, S. 115 f.

[9] Siehe oben Fn. 5; vgl. auch Fehsenmeier, S. 197 ff.

[10] Dazu: Schönke / Schröder, Vorbem. § 51, Rdn. 58 c; E. Schmidt, Anmerkung, Sp. 565; Gallas, Pflichtenkollision, S. 327, Anm. 1; Lenckner, S. 27 m. w. N.; Welzel, Strafrecht, S. 179.

weniger oder vieler, Tod einzelner oder aller. Im übrigen stehen sie in völlig verschiedenen Lebensverhältnissen. Es geht also nicht darum, das Recht an einem Eindringen in bestimmte Verhältnisse oder Verhaltensweisen zu hindern, ihm die Befugnis einer Binnenregelung in einem irgendwie umschriebenen, konkretisierbaren Bereich zu nehmen, sondern nur darum, von einer rechtlichen Wertung einzelner Entscheidungssituationen Abstand zu nehmen, die ausschließlich in ihrer Ausweglosigkeit übereinstimmen.

Das bestätigt vor allem die Überlegung, daß der Staat durchaus berechtigt, ja unter Umständen verpflichtet wäre, im Augenblick der Entscheidung selbst mit heteronomer Autorität einzugreifen. Er müßte, ja dürfte gegebenenfalls die Situation und die Entscheidung nicht dem einzelnen überlassen und diesen der Ausweglosigkeit der Alternative. Er hätte zu versuchen, selbst in Rettungsaktionen einzutreten, die Morde zu verhindern und damit die Entscheidung an sich zu reißen.

Für die rechtliche Qualifikation in dem Augenblick, in dem die Frage nach Verurteilung oder Strafe aufgeworfen wird, ist das gemeinsame Merkmal der Situationen allerdings so entscheidend, daß man sie vielleicht als „strafrechtsfreie Situationen" bezeichnen kann[11].

b) Beschränkungen und Selbstbeschränkungen richterlicher Kompetenz

Von einem rechtsfreien Raum kann jedenfalls dann nicht mehr gesprochen werden, wenn, wie etwa in politischen Fragen, einem Gericht die Beurteilungszuständigkeit abgesprochen wird oder wenn die Richter selbst von einer Entscheidung Abstand nehmen. So hat sich das Bundesverfassungsgericht in dem Urteil zur Verfassungsmäßigkeit des Grundlagenvertrages richterliche Selbstbeschränkung auferlegt: „Der Grundsatz des judicial self-restraint ... bedeutet ... den Verzicht, ‚Politik zu treiben', d. h. in den von der Verfassung geschaffenen und begrenzten Raum freier politischer Gestaltung einzugreifen. Er zielt also darauf ab, den von der Verfassung für die anderen Verfassungsorgane

[11] Engelhard / Radbruch: „rechtlich nicht geregelte Situation" (S. 24). Auf derartige Situationen konzentrieren sich die Arbeiten von Fehsenmeier (u. a. S. 154 ff. zum strafrechtlichen Notstand; S. 197 ff. zu den Euthanasiefällen; S. 205 ff. zum ärztlichen Konflikt bei der Entscheidung zwischen verschiedenen Menschenleben bei Transplantationen unpaarer Organe; S. 214 ff. zur medizinischen bzw. ethischen Indikation beim Schwangerschaftsabbruch) und A. Kaufmann, RR, S. 327 ff., 338 ff. Bezeichnend dafür ist, wenn Fehsenmeier von Sachverhalten „scheinbarer rechtlicher Relevanz" (S. 56) spricht. Die Unzuständigkeit des Rechts ist dem Lebensverhältnis nämlich nicht auf den ersten Blick anzusehen; sie ergibt sich nicht aus den erwartungsgemäß damit verbundenen Betroffenheiten, der persönlichen Intensität, der Komplexität usw., als vielmehr aus der außergewöhnlichen Gestalt einer ganz konkreten Situation.

garantierten Raum freier politischer Gestaltung offen zu halten[12]." Und konkreter: „Die Bundesregierung hat allerdings in eigener Verantwortung zu entscheiden, mit welchen politischen Mitteln und auf welchen politischen Wegen sie das nach dem Grundgesetz rechtlich gebotene Ziel der Wiedervereinigung zu erreichen oder ihm wenigstens näherzukommen versucht. Die Abschätzung der Chancen ihrer Politik ist ihre und der sie tragenden parlamentarischen Mehrheit Sache. Hier hat das Gericht weder Kritik zu üben, noch seine Auffassung über die Aussichten der Politik zu äußern. Die politische Verantwortung dafür liegt allein bei den politischen Instanzen[13]."

Lange Tradition hat eine derartige Selbstbegrenzung in politischen Fragen in der sog. „Political-Question-Doctrine" des Supreme Court der Vereinigten Staaten von Amerika, die allerdings kaum eine geschlossene Theorie aufweist, sondern einzelne Fallgruppen betrifft, insbesondere Fragen der auswärtigen Beziehungen, der militärischen- und Notstandsgewalt und der Innenpolitik[14].

In solchen Fällen geht es nicht darum, einen bestimmten Bereich von staatlicher Beurteilung und Normsetzung freizuhalten, heteronome Wertung und Durchsetzung abzuwehren. Auch die politischen Organe gehören ja dieser selben staatlichen Sphäre an, sind Staatsorgane[15]. Vielmehr geht es hier um eine Kompetenzverteilung im öffentlichen Bereich. Wenn ein Gericht wie das Bundesverfassungsgericht nicht über bestimmte politische, vor allem außenpolitische Fragen urteilen soll oder will, so deshalb nicht, weil die Fragen ausschließlich einem anderen Verfassungsorgan zugewiesen sind, etwa dem Parlament oder der Regierung, das von der Verfassung legitimiert ist, die jeweiligen Gesichtspunkte einer Entscheidung allein abzuwägen und abschließend zu beurteilen. Läßt eine Verfassung eine solche Zuordnung erkennen, so würde eine nachträgliche gerichtliche Kontrolle das so konzipierte, immerhin demokratisch begründete Verfahren unterlaufen[16].

Es ist allerdings nicht gesagt, daß eine Verfassung die Zuständigkeiten nicht anders lagern, einem Gericht also weitgehende Kontrollbefugnisse hinsichtlich politischer Entscheidungen übertragen könnte. Sie müßte dem Gericht dann aber auch die entsprechenden Beurtei-

[12] BVerfG NJW 73, 1539, 1540.

[13] BVerfG, a.a.O., S. 1541.

[14] Dazu kürzlich Zuck, S. 362 ff., sowie die dort angegebene Literatur, vor allem FN 1 und 2; von der Heydte, S. 911 ff., 920 ff., ebenfalls m. w. N.

[15] von der Heydte, S. 917 ff.

[16] Dahin geht auch die Argumentation des BVerfG, NJW 73, 1539, 1540 f.; Zuck, S. 367 f., beruft sich zur Begründung eines normativen judicial-restraint vor allem auf den Gewaltenteilungsgrundsatz und das demokratische Prinzip.

lungsmöglichkeiten einräumen sowie ein rechtzeitiges Eingreifen zulassen, das einem Urteil Effizienz verleiht und es nicht angesichts bereits eingetretener faktischer Folgen zur Farce degradierte. Vor allem aber stellte sich dann gegebenenfalls die Frage nach der demokratischen Legitimation des Gerichts.

„Freiräume“ bedeuten in dem Zusammenhang jedenfalls nicht rechtsfreie Räume. Angesprochen ist nicht eigentlich die Grenzziehung zwischen Recht und Politik[17], sondern das Problem der Abgrenzung zwischen richterlicher Kontrolle und alleinverantwortlicher Entscheidung anderer staatlicher Organe[18]. Allenfalls wären sie — was schon der Begriff des „judicial-restraint“ nahelegt — als „justizfreie Räume“ zu bezeichnen, vergleichbar etwa den sog. „justizfreien Hoheitsakten“[19].

---

[17] Vgl. etwa Bahlmann in seinem Plädoyer vor dem BVerfG, FAZ vom 28. Juni 1973 (Nr. 147), S. 9; gelegentlich auch Zuck, S. 367.

[18] Benda in einem Gespräch mit „Der Spiegel“ vom 25. Juni 1973 (Nr. 26), S. 32, 34: „Problem der Abgrenzung zwischen richterlicher Tätigkeit und politischer Entscheidung.“

[19] Vgl. dazu die Literaturnachweise bei Engisch, RR, S. 388, FN 1 und H. Huber, S. 65, FN 21, 22.

Kapitel X

Zusammenfassende Darstellung der Kriterien und das Problem der Abgrenzung „persönlicher Bereiche"

Die Suche nach Kriterien für rechtsfreie Räume hat davon auszugehen, daß ein rechtsfreier Raum ein Verbot staatlicher Regelung und Durchsetzung bedeutet. Im normativen Grenzgebiet zwischen Recht und rechtsfreien Räumen können nicht formale (sei es aus dem rechtsfreien Raum, sei es aus dem Recht[1] abgeleitete) Kriterien entscheiden, sondern nur inhaltliche[2]. Die Kriterien verweisen auf die Dialektik von Unantastbarkeit der existentiellen Integrität des einzelnen und Notwendigkeiten des Zusammenlebens auf der Grundlage der Menschenwürde.

Der richtige Ansatz ist folglich die intersubjektive Situation[3], nicht die Intention des einen oder anderen Beteiligten, ein eventueller Rechtsbindungs- oder Rechtsfreiheitswille. Aus der Perspektive zwischen den Individuen ist der Lebensbereich nach Kriterien abzutasten. Das läßt sich nun nicht im Wege örtlicher oder zeitlicher Fixierung erreichen, durch Erarbeitung „rechtsfreier" Orte oder Zeiten[4]. Genausowenig lassen sich bestimmte Lebensbereiche, Verhältnisse, soziale Erscheinungen (wie Freundschaft, Liebe, Gefälligkeiten o. ä.) als grundsätzlich rechtsfrei dartun[5]. Entscheidend ist vielmehr, wie die jeweiligen Beteiligten von der Situation, von dem Verhältnis, von den eigenen und fremden Verhaltensweisen betroffen sind.

In quantitativer Hinsicht ist zunächst festzustellen, wer und wieviele überhaupt betroffen sind; aus der Sicht des eventuell in seiner Autonomie zu schützenden Individuums: sind Freunde, Dritte betroffen (Fremdbetroffenheiten)? So ließen sich einige Lebensverhältnisse in

---

1 So aber Krauß, S. 381 ff.

2 Oben Kapitel II 5.

3 Siehe oben Kapitel IV 3., S. 52.

4 Der Mond ist ebensowenig rechtsfrei wie die Nachtwache, der Karneval etc. Dazu schon oben Kapitel I 3. b); gegen eine derartige Ausweisung von „Intim"- bzw. „Privatsphäre" auch Krauß, S. 382.

5 Dem stünden schon die Vieldeutigkeit der Begriffe und die Abweichungen der damit verbundenen Vorstellungen entgegen. Vgl. oben Kapitel IV 3., S. 49 f., Kapitel VI S. 60 f.

grober Darstellung in das Spektrum zwischen intim-sozial und offen-sozial einordnen[6].

Das allein führt aber nicht weit. Die Betroffenheiten sind weiterhin auf ihre Qualität und Intensität hin zu untersuchen. Dabei sind die von der Situation, dem Verhältnis ausgehenden Betroffenheiten zu unterscheiden von den (potentiellen) Betroffenheiten durch den rechtlichen Eingriff. Die Analyse führt dann zu einer Gegenüberstellung von solchen (situationsbedingten und eingriffsbedingten) Betroffenheiten, die eine rechtliche Regelung fordern, und solchen (situationsbedingten und eingriffsbedingten), die ihr entgegenstehen.

Sind aber überhaupt unterschiedliche Qualitäten in der Betroffenheit eines Menschen auszumachen? Oder sind vielmehr das Erleben, das Verhalten des Menschen, „sind seine Handlungen stets von gleicher personaler Qualität und Struktur"[7]? Die Frage, ob „der Mensch in bestimmten gesellschaftlichen Daseinsbereichen tatsächlich ein anderer ist als in ‚Kreisen' von Familie, Ehe, Glaubensgemeinschaft, Freundschaft usw."[8], läßt sich weder mit einem undifferenzierten ‚ja' noch mit einem schlichten ‚nein' beantworten. „Ein und derselbe" Mensch ist als Freund und als Staatsbürger mit sich identisch und insofern dieselbe Persönlichkeit. Er ist aber zugleich in beiden Bezugssystemen ein anderer. Gerade dadurch, daß das Individuum sich ontologisch nicht aus seiner gesellschaftlichen Stellung, aus seinen Sozialbeziehungen, aus seiner aktuellen Situation herauslösen läßt, ist es in einem staatlichen System von Sozialbezügen — etwa als Parteimitglied, als Wähler, als Fernseher usw. — anders konstituiert, anders determiniert, als in einem Freundschaftsverhältnis, in einer Ehe, in einer flüchtigen Begegnung auf der Straße, und auch in diesen wiederum in unterschiedlicher Weise. Es „reagiert" nicht nur „in den einzelnen Situationen seines Daseins" verschieden[9], es ist verschieden insofern, als die Persönlichkeit von der Situation mitgeprägt wird. Identität und Anderssein finden sich in einem konkreten Menschen in dialektischer Einheit zusammen.

Nun darf man einerseits nicht das jeweils aktuelle Anderssein in der Weise — simplifizierend-schematisch[10] — ausbeuten, daß man dem Menschen eine „soziale" und eine „nicht-soziale" oder auch „intime",

---

[6] Dazu oben Kapitel V.

[7] Krauß, S. 373.

[8] Krauß, S. 372.

[9] Krauß, S. 373.

[10] So negiert denn auch Th. Litt nicht einfach alle Unterschiede zwischen den jeweiligen Verhältnissen und Situationen. Er wehrt sich nur gegen ein „verräumlichendes Denken" (S. 388), das Modelle von gegeneinander abgeschlossenen Kreisen oder Schichten konstruiert, ohne deren wechselseitige Beeinflussungen zu berücksichtigen. Dazu insbesondere S. 387 ff.

„private“ Seite zuordnet[11], oder im Hinblick auf das Thema: eine dem Recht zugängliche und eine „rechtsfreie“[12]. Abgesehen davon, daß der komplexe Charakter menschlichen Seins sich nicht in Schubladenvorstellungen einfangen läßt, würde eine solche Betrachtungsweise im Ergebnis auch den intersubjektiven Ausgangspunkt verlassen. Nicht eine bestimmte Seite, eine „Teilperson“ des Menschen ist rechtsfrei, sondern in bestimmten Lebensbereichen, Situationen hat das Recht im Hinblick auf bestimmte Verhaltenskomplexe keine Eingriffsbefugnis. Bestimmte Lebensbereiche sind nach Abwägung der intersubjektiven Situation der Autonomie des bzw. der Beteiligten, Betroffenen überlassen, frei von heteronomer staatlicher Regelung, rechtsfrei.

Andererseits führt aber auch das gänzliche Absehen vom Menschen in seinem aktuellen Anderssein ins Leere. Es wäre ein Irrtum, den rechtsfreien Raum[13] lediglich als Korrelat hoheitlicher Inanspruchnahme, als Negativ des Rechts begreifen zu wollen. Auch das Recht ist keine vorgegebene Größe, die zur Bestimmung der von ihm abhängigen Größen: rechtsfreier Raum, „Intimsphäre“, „Privatsphäre“[14] den Weg der Deduktion eröffnete. Es ist seinerseits zur Klärung seiner Grenzen, sollen es normative Grenzen sein, auf seine Aufgaben und Möglichkeiten verwiesen und damit auf die interindividuelle Situation. Die wiederum wird von den jeweils beteiligten, betroffenen Menschen entscheidend mitgeprägt. Dabei spielt die Autonomie eine wichtige und durchaus positive Rolle. Sie läßt sich nicht zur Funktion heteronomer Regelungen, Bestimmungen degradieren. Das wird besonders deutlich, wenn man an ihre aktiven Manifestationen denkt: die eigenverantwortliche Lebensgestaltung, Selbstbestimmung. Sie ist nicht Negativabdruck des Rechts, sondern fordert aktiv ihren Raum, ja sie unterwandert das Recht in ihrer Forderung nach Freiheitsgarantien. Damit ist das

---

11 Nicht zuletzt daher scheint die Abwehr derartiger Differenzierungsversuche zu rühren, daß sie oftmals zu schematisch die Qualitäten bzw. Zuständigkeiten der Persönlichkeitsbereiche zuordnen, eben einen „sozialen“ und einen „nicht-sozialen“ Menschen erschaffen, so wie Brecht bildhaft in der Schizophrenie von Shen-Te und Shui-Ta den „guten Menschen“ neben das den sozialen (ökonomischen) Bedingungen unterworfene und auf sie reagierende Subjekt stellt (freilich ohne ihre Zusammengehörigkeit aus dem Auge zu lassen!).

12 Insoweit ist Krauß, S. 373 ff. zuzustimmen. Allerdings scheint seine Kritik an Scheler die Gegenüberstellung von „sozialer Person“ und „intimer Person“ mit einer Gegenüberstellung „Sozialperson“ — „Individualperson“ zu identifizieren, wogegen dieser, a.a.O., S. 549, FN 1 sich ausdrücklich verwahrt. Scheler stellt neben die „soziale Individualität“ die „intime Individualität“, arbeitet folglich mit anderen Begriffsinhalten. Zu Maihofer siehe oben Kapitel II Fn. 37, VI Fn. 11, auch IV Fn. 11.

13 Wie Krauß, S. 381 ff., die „Privat“- bzw. „Intimsphäre“.

14 Zur Unterscheidung zwischen „autonomy“ und „privacy“, zwischen einer Verletzung der „autonomy“ einerseits, der „selective disclosure“ andererseits: Beardsley, S. 56 ff. und S. 70; Gross, S. 180 f.

Recht selbst schon korrumpiert, muß es doch die rechtsfreien Räume, das „Intime", das „Private", seine eigenen Grenzen gegen sich selbst verteidigen, absichern. Denn seine Aufgabe ist Schutz und Förderung der menschlichen Würde, also auch der menschlichen Autonomie[15].

Die Betroffenheiten sollen also nach Qualität und Intensität durchleuchtet werden. Denn selbst wenn man den Menschen als ontologische Einheit, Ganzheit sieht, so wird er doch durch verschiedene Ereignisse, Eingriffe, eigene und fremde Handlungen, Verhaltensweisen, Umstände, Situationen in unterschiedlicher Art und Intensität betroffen. Es werden jeweils andere Assoziationen, Erlebnisse, Gedanken, psychische und physische Reaktionen ausgelöst. So zeigen sich Situationen und Ereignisse, die an der Oberfläche des Erlebens bleiben, die nur einen verhältnismäßig kleinen Teil der Erlebnisbereiche ansprechen, die aus der Sicht des Betroffenen ersetzbar, auswechselbar erscheinen wie ein Geldschein, weniger schon ein Auto, die Beteiligung an einer Handelsgesellschaft etc. Auf der anderen Seite des Spektrums sind dann die Situationen und Ereignisse angesiedelt, die auf einen großen Teil der Erlebnisbereiche einwirken und so „tiefer" in die Gesamtperson eindringen, zum „Kern der Persönlichkeit" vordringen. Diese Betroffenheiten sind von komplexerer und daher persönlicherer, individuellerer Art, weniger nachvollziehbar, von außen erfaßbar. Ein Mensch ist dort, wo sein Zusammenleben mit einem Partner berührt wird, wo seine unmittelbare Umgebung, seine hautnahe soziale Einbettung in Frage steht, in qualitativ anderer Weise betroffen als durch eine ordnungsrechtliche Maßnahme. Eine Scheidung, eine Gefängnisstrafe bedeuten für den einzelnen etwas anderes als das Ausstellen eines Personalausweises, haben für ihn eine andere personale Qualität, eine andere Seinsqualität. Er wäre auch hoffnungslos überfordert, müßte er alle Ereignisse und Situationen in gleich komplexer, tiefpersönlicher Weise erleben.

So lassen sich durchaus unmittelbar persönlich wirkende Situationen, Lebensbereiche von solchen unterscheiden, die weniger die Gesamtpersönlichkeit ansprechen.

Dabei ist allerdings die Vorstellung zu vermeiden, als handele es sich um ein statisches Modell genau abgezeichneter Bereiche, Schichten, Tiefengrade. Begriffe wie Persönlichkeitskern, Persönlichkeitsschicht, -tiefen, -bereich usw. sind nur (mehr oder weniger verfehlte) Bilder für Erscheinungen, die durchaus offensichtlich sein können, die aber verbal kaum mit ausreichender Genauigkeit abzuklären, zu beschreiben sind. Selbstverständlich sind die Erlebnisbereiche durchlässig, dynamisch, ist eine eindeutige — vor allem abstrahierende — Zuordnung

[15] Siehe oben Kapitel II 3. und 5.

einzelner Lebensbereiche zu bestimmten Erlebnisbereichen nicht möglich. Neben individuellen Differenzen können auch der historisch-soziale Wandel und regionale (kulturell usw. bedingte) Abweichungen eine Rolle spielen[16].

Dennoch lassen sich — zum Teil sogar sehr konstante — Erfahrungswerte herausarbeiten. Andere Betroffenheiten, etwa solche finanzieller Art, nachbarschaftliche Störungen, Körperverletzungen und viele andere sind gegenüber den komplex-persönlichen sogar verhältnismäßig klar aufzuweisen und zu bewerten. Nicht, daß sie keinerlei Erlebnischarakter hätten, sie „gehen nur nicht so tief“, sind nicht so komplex, erfassen die Person nicht in demselben Maße wie etwa die „persönlichen“ Beziehungen in einer Freundschaft, einer Ehe, wie Bildung und Äußerung persönlicher Überzeugungen, religiöse Bindungen etc. Und unter den persönlichen Betroffenheiten wiederum kann man deutliche Intensitätsunterschiede feststellen[17].

Nun ist zweifellos mit derartigen Erfahrungswerten dem Individuum in vielen Fällen letztlich nicht gerecht zu werden. Aber das Recht kommt an Verallgemeinerungen, an Typisierungen nicht vorbei. Wenn auch der individuelle (nicht vereinzelte, sondern gerade in seinen Sozialbezügen je einzigartige) Mensch — selbst im Zweck des Gemeinwohls, der gesellschaftlichen Interessen usw. — Ziel des Rechts bleibt, so setzen dessen Regelungen auch ein Mindestmaß an Objektivierbarkeit und — je abstrakter seine Sätze, desto mehr — an Typisierbarkeit des Sachverhalts und der Wertung voraus, um überhaupt einen rational nachprüfbaren Ansatzpunkt zu finden. D. h.: die aus der Sicht des erstrebten Zweckes, der (mit Hilfe des Rechts) angestrebten Ziele wesentlichen Sachverhaltsmomente müssen typisierbar sein, müssen einen gewissen Grad an Übereinstimmung aufweisen. Die Feststellung eines Sachverhaltes, das Aussieben eines Tatbestandes, das Subsumieren unter den Tatbestand einer abstrakten Norm müssen ohne Vergewaltigung der Wirklichkeit vollzogen werden können[18]. Nur dann kann eine generalisierende Norm die entscheidenden Sachverhaltsmomente erfassen. Nur dann kann eine einheitliche Wertung an sie herangetragen werden. Es kommt also darauf an, die Lebenssituationen auszumachen,

---

[16] So weist der BGH hinsichtlich der „gesellschaftlichen Auswirkungen“ auf die Bedeutung des Lebenskreises der Betroffenen (einschließlich der Landschaft) hin. BGH NJW 74, 1506, 1507 (zur Verfassungsmäßigkeit des § 1300 BGB). Ob er allerdings im konkreten Fall die richtigen Folgerungen daraus abgeleitet hat, erscheint zweifelhaft. Dazu Comes, Die verlorene Ehre, S. 412, 415.

[17] Ohne daß hier ein scharfer Trennstrich zwischen Intensität und Komplexität gezogen werden sollte!

[18] Vgl. auch S. 74 ff.

die gleichermaßen einer bestimmten Rechtsfolge unterliegen sollen, weil auf sie dieselbe soziale Wertung zutrifft.

Ist aber nun ein Sachverhalt (ein Lebensverhältnis) in seinem Kern durch eine solche Komplexität und Differenziertheit gekennzeichnet, daß die bestimmenden Faktoren nicht mehr oder nur noch in geringem Maße auszumachen sind, daß demzufolge eine einheitliche Wertung der jeweiligen konkreten Situationen nicht möglich ist[19], so würde eine dennoch gesetzte Rechtsfolge eine sehr diffuse Wirkung ausüben, nämlich vom Zweck her gerechtfertigte und nicht mehr gerechtfertigte Sachverhalte gleichzeitig erfassen. Erfordert aber eine besondere soziale Betroffenheit trotzdem einen staatlichen Eingriff, so muß der zu treffende Tatbestand möglichst eng gefaßt, möglichst gezielt herausgefiltert werden, so daß dem Sachverhalt nur die entsprechende Spitze abgebrochen wird. Dadurch ist zu gewährleisten, daß gerade den ins Auge gefaßten Betroffenheiten Rechnung getragen wird, darüber hinaus aber ein möglichst kleines Umfeld von der Rechtsfolge erfaßt wird.

Das bedeutet nun nicht, daß nur noch generell gleich gewertete, durch eine Art Generalkonsens begünstigte Sachverhalte dem Recht offenstünden. Keineswegs muß eine einheitliche Wertung vorliegen (sie wird sich für zahlreiche Vorschriften des Straßenverkehrsrechts oder des Steuerrechts usw. kaum feststellen lassen), nicht einmal eine mehrheitlich übereinstimmende Wertung. Aber eine einheitliche Wertung muß überhaupt möglich sein, muß, ohne daß den unterschiedlichen Fällen Gewalt angetan würde, ohne daß wesentliche individuelle Positionen dem zum Opfer fielen, auf rationaler Basis erstellbar sein. Der Sachverhalt muß — und zwar in seinem Kern — einen Anhaltspunkt für die einheitliche Bewertung bieten.

Hinsichtlich gesetzgeberischen Vorgehens leuchtet das ohne weiteres ein[20]. Ist eine derartige Typisierbarkeit aber auch erforderlich, wo es um richterliche Eingriffsbefugnisse geht[21]? Man könnte geneigt sein, die Frage zu verneinen, weil der Richter ja im Gegensatz zum Gesetzgeber eine Einzelfallentscheidung zu liefern habe, nicht aber eine generelle Norm. Nun darf der Gegensatz nicht überbewertet werden. Natürlich konkretisiert der Richter die allgemeinen Normen des Gesetz-

---

[19] Ausschließlich auf die Unmöglichkeit einer verbindlichen Wertung stellen die Konzeptionen eines strafrechtsfreien Raumes bei Fehsenmeier (u. a. S. 53 ff., 81 f., 227) und A. Kaufmann (RR u. a. S. 337 ff.) ab. Sie meinen allerdings lediglich die Unmöglichkeit auf Grund eines bestimmten Wertungswiderspruchs (dazu oben S. 124 ff.), nicht die hier im Vordergrund stehenden aus dem Lebensverhältnis und den Betroffenheiten entspringenden Widerstände.

[20] Vgl. Henkel, Rechtsphilosophie, S. 354 ff.

[21] Dazu Henkel, Rechtsphilosophie, S. 355, 358 ff.

gebers. Er stellt — jedenfalls in streitigen Fällen — das Verbindungsglied zwischen Norm und Sachverhalt dar. Doch auch der Gesetzgeber kann sich nicht völlig vom Sachverhalt lösen, wenn dieser ihn auch überwiegend in sehr abstrakter und hypothetischer Gestalt beschäftigt: als Grundlage der Normsetzung. Der Richter hingegen wendet die ihm zum Teil vorgegebene Norm an. Aber diese Anwendung, diese Konkretisierung enthält zugleich Elemente der Normsetzung, was besonders deutlich wird bei der extensiven Auslegung oder bei der Rechtsfortbildung (etwa im Wege der Lückenfeststellung und -füllung). Vor allem — und das deutet auf einen eher graduellen als essentiellen Unterschied hin — enthält der Richterspruch implizite die Aussage: in Fällen wie diesem entscheidet das Gericht so! Er generalisiert also ebenfalls, nur auf einer höheren Stufe der Konkretion als der Gesetzgeber, auf einer niedrigeren der Abstraktion. Das gebieten schon die Grundsätze der Gleichbehandlung, der Rechtssicherheit, negativ das Willkürverbot. Die generalisierende Wirkung ergibt sich aber, selbst wenn man einmal von hypothetisch gleichen Fällen absieht, schon aus dem Heteronomen, das der richterlichen Entscheidung innewohnt: der Richter erklärt eine von ihm getroffene Wertung für fremdverbindlich, für die Betroffenen, die Parteien, den Angeklagten bindend.

Beide, Gesetzgeber und Richter, sehen sich den Schwierigkeiten ausgesetzt, die aus der zeitlichen Differenz zwischen tatsächlichen Ereignissen und Beurteilungsmoment resultieren, wenn auch der nachvollziehende Richter in anderer Weise als der zukunftsorientierte Richter oder Gesetzgeber[22]. Beiden stehen auch die Momente der Spontaneität[23] und der oben als Solidarität[24] bezeichneten Gruppenindividualität und Gruppenspontaneität entgegen.

Je weniger sich ein Sachverhalt typisieren läßt, desto weniger erlaubt er abstrakte Regeln. Dort aber, wo eine menschenwürdige Objektivierung überhaupt nicht mehr möglich ist, zeigen sich wiederum die Grenzen des Rechts. Dort setzt eine Eingriffsbefugnis schon eine ganz erhebliche Fremdbetroffenheit voraus. Ist auch die Betroffenheit des anderen nicht mehr typisierbar, objektivierbar, so steht der Mangel selbst in sozialen Beziehungen mit intensiver Fremdbetroffenheit einer Regelung entgegen[25]. Die Unmöglichkeit einer Objektivierung und Typisierung schlägt um in die Forderung der „autonomen Persönlichkeit nach Autonomie“[26].

---

[22] Siehe oben Kapitel VI S. 63.

[23] Siehe oben Kapitel VI S. 63.

[24] Siehe oben Kapitel VI S. 63 f.

[25] Siehe oben Kapitel VI, VII 2., VIII 2. a).

[26] Zu dem Doppelcharakter der Autonomie als Voraussetzung und Forderung vgl. oben Kapitel VI S. 61 f.

Die genannten Kriterien, die für rechtsfreie Räume sprechen können, dürfen aber nicht derart mißverstanden werden, als seien sie ausschließlich unter dem Gesichtspunkt des Individuums, seiner Interessen und seines Schutzes zu sehen. Sie sind zugleich Bestandteil des Allgemeininteresses. Denn eine auf den Grundsätzen der Freiheit, Gleichheit und Menschenwürde aufbauende Gesellschaft setzt den Respekt vor der Autonomie des einzelnen, vor seiner Entfaltungsfreiheit voraus. Die Möglichkeit freier Meinungsäußerung etwa ist notwendige Bedingung jeder Demokratie. Es entscheidet letztlich das Koordinatensystem der gesamten angedeuteten Betroffenheiten[27] unter Berücksichtigung der Grenzen, die sich aus der Notwendigkeit der Typisierung ergeben. Dabei ist neben einer quantitativen Analyse vor allem auf die Art der jeweiligen Betroffenheiten abzustellen, ist zu unterscheiden zwischen ihrem mehr oder weniger komplexen, persönlichen Charakter, zwischen typisierbaren und nicht mehr typisierbaren Betroffenheiten, zwischen intensiver und weniger intensiv wirkenden, zwischen den durch die tatsächlichen Lebensverhältnisse, den Sachverhalt bedingten und den (potentiell) durch den Eingriff (die Rechtsfolge) bedingten, zwischen Eigenbetroffenheiten und Fremdbetroffenheiten, zwischen solchen, die den Schutz der Autonomie fordern (im Interesse des einzelnen und der Allgemeinheit), und solchen, die eine rechtliche Regelung fordern. Dieses mehrdimensionale System ist auf die Grenze zwischen rechtlicher Regelungsbefugnis und rechtsfreiem Raum hin auszuwerten.

Kommt man aber nach Abwägung der intersubjektiven Situation zu dem Ergebnis, daß sie zwar Freiheit von jeglicher heteronomen inhaltlichen Regelung fordert, eine Selbstbindung mit rechtlicher Sanktion (eine individuelle Setzung heteronom durchzusetzender Normen) aber zuläßt, so kann ausnahmsweise der Rechtsbindungs- bzw. Rechtsfreiheitswille der Betroffenen den Ausschlag geben.

---

[27] Vgl. auch oben Kapitel V.

Kapitel XI

Die Funktionen des rechtsfreien Raums in der Rechtsordnung

Wenn bisher in erster Linie das Gegensätzliche, Polare in der Beziehung von Recht und rechtsfreiem Raum im Blickpunkt stand, soll im folgenden die funktionale Seite des rechtsfreien Raums im Hinblick auf das Recht kurz beleuchtet werden.

Die eine Seite, man könnte sie als die „materielle" Seite des rechtsfreien Raums bezeichnen, beruht auf der Antithetik von Recht und rechtsfreiem Raum, setzt dem Recht, das sie von seinen Grundlagen, seinen Bedingungen, Möglichkeiten und Zwecken her zu bestimmen sucht, das entgegen, was nach diesen Bedingungen, Möglichkeiten und Zwecken nicht mehr vom Recht erfaßt werden darf, zieht also Grenzen.

1. Die Normativität des rechtsfreien Raums

Die andere Seite gründet auf dem Sollensanspruch, der Normativität, die dem Gegenpol rechtsfreier Raum ebenso zukommt wie dem Recht selbst. Ihr Ziel ist die Verteidigung der Grenzen. Dieser Normcharakter ist erforderlich, um dem rechtsfreien Raum seine Gegenposition, seine Eigenständigkeit gegenüber dem Recht zu sichern. Ein nicht normativer, rein empirischer rechtsfreier Raum wäre in der Tat bloß noch ein „Nicht"-, oder besser: ein „Noch-Nicht"-, nur negativ bestimmbar, jederzeit vom Recht ausfüllbar und damit aufhebbar, dessen Übergriffen wehrlos ausgesetzt[1].

Die Normativität bedeutet aber, daß die Rechtsfreiheit sich an ihren Schwellen korrumpieren muß, in Rechtsgestalt auftreten muß[2], sich „Rechtsanwälte" nehmen muß zur Verteidigung des „Draußen", das zugleich das „Innere", Materielle des rechtsfreien Raums ist[3]. Diese „Rechtsanwälte" des rechtsfreien Raums, die Verteidiger der Grenzen,

---

[1] Siehe oben Kapitel I 3. c).

[2] Siehe oben Kapitel II 5.

[3] Die unterschiedlichen Funktionen der Rechtsfreiheit übersieht auch Legaz y Lacambra, Rechtsphilosophie, S. 716, wenn er eine juristische Freiheit gegen den Staat oder außerhalb des Staates als logische Absurdität bezeichnet. Vgl. dagegen H. Huber, S. 87.

der Schwellen zwischen Recht und rechtsfreiem Raum sind die Schwellennormen, bilden das Schwellenrecht.

„Das Merkwürdigste an einem Loch ist der Rand[4].“ Das Schwellenrecht tritt nämlich in verschiedenartiger Verkleidung auf. Um den zahlreichen Übergriffsmöglichkeiten begegnen zu können, nimmt es die jeweiligen Funktionen innerhalb der Rechtsordnung an. Das Recht seinerseits ist vielseitig, komplex, wie sich bereits bei dem Versuch ergab, seine konstitutiven Elemente aufzuzeigen[5]. Es läßt sich nicht in so eindimensionale, zudem rein formale Definitionen einfangen, wie z. B.: Inbegriff von Berechtigungen, Inbegriff von positiven bzw. negativen Imperativen (Geboten bzw. Verboten), Inbegriff von Bewertungsnormen, von hypothetischen Sollenssätzen (die sich aus Tatbestand und Rechtsfolge zusammensetzen) oder von Zwangssätzen[6].

Recht bedeutet zugleich Wertung und Imperativ. Ein Imperativ setzt schon eine Wertung voraus. Wie sollte aber eine Wertung ohne jeglichen Imperativ ihre Richtigkeitsanmaßung in einen Befolgungsanspruch umsetzen? Recht arbeitet mit Berechtigungen, mit Geboten und Verboten sowie den verschiedensten Zwangsmechanismen[7], ist keinesfalls durch eines dieser Momente allein zu bestimmen. Sicher wirken im Recht Tatbestände und Rechtsfolgen[8] zu hypothetischen Sollenssätzen zusammen. Aber sie machen noch nicht das ganze Recht aus. Recht ist mehr. Es geht über die Summe, den Inbegriff irgendwie qualifizierter mehr oder weniger abstrakter Sätze hinaus. Es lebt weitgehend von Einzelaussagen und konkreten Imperativen. Und die Entscheidungen im Einzelfall erschöpfen sich nicht in der Anwendung „vorgegebenen“ Rechts. Sie erschöpfen sich nicht in der bloßen Ableitung aus abstrakten Sätzen. Sie stellen diese vielmehr in einen konkreten, ihren bisherigen Gehalt möglicherweise erweiternden Wirklichkeitszusammenhang, ordnen sie ein in neue, vielleicht nicht vorgedachte Sachverhalte. Dieses Inbezugsetzen von Norm und Wirklichkeit[9] ist gleichzeitig ein Rechtsetzungsprozeß, schafft — wie das Aufstellen abstrakter Sätze, allerdings auf andere Art und Weise — Recht, und zwar einerseits konkretes Recht, andererseits aber auch wiederum diesem entspringende abstrakte Sätze (z. B. Richterrecht, Selbstbindung der Verwaltung). Recht ist Allgemeines und Konkretion, ist — nicht abstrakte, sondern: — abstra-

---

[4] Tucholsky, Zur soziologischen Psychologie der Löcher (1931), S. 805.

[5] Siehe oben Kapitel II.

[6] Zu den jeweiligen Definitionsversuchen gerade im Hinblick auf den rechtsfreien Raum vgl. Engisch, Der RR, S. 402 ff.

[7] Dazu oben Kapitel II 1.

[8] Vgl. oben Kapitel I 3. a).

[9] Vgl. Ryffel, Rechtsphilosophie, S. 412 ff.; auch A. Kaufmann, Die „ipsa res iusta“, S. 32 ff.; ders., Rechtsphilosophie, S. 302 ff.; Coing, Rechtsphilosophie, S. 326 ff.; Esser, Vorverständnis, S. 74 ff.

hierte Norm und Lebenssachverhalt zugleich, lebt aus den Wechselbeziehungen zwischen ihnen[10].

Dieser Komplexität des Rechts hat der rechtsfreie Raum sich zu stellen und entsprechend vielfältige Abwehrmechanismen zu entfalten. Es ist deshalb nicht ganz richtig, wenn Canaris sagt, ein Fall aus dem rechtsfreien Raum gehöre, „da rechtlich unerheblich, nicht vor die Gerichte“[11]. Das Schwellenrecht ist durchaus Sache der Gerichte. Die Sicherung rechtsfreier Räume fordert unter Umständen geradezu eine gerichtliche Entscheidung, welche die Grenze gegenüber rechtlicher Regelungsbefugnis auf den Einzelfall anwendet, sie konkretisiert, eventuell erst setzt, sie jedenfalls bestätigt und verfestigt. Verwehrt ist dem Gericht hingegen eine inhaltliche Regelungs- und Entscheidungsbefugnis. Hinsichtlich der rechtlichen Irrelevanz ist daher zu unterscheiden: irrelevant ist das Materielle, Innere des rechtsfreien Raums; die Schwellen sind es nicht, sie sind von erheblicher rechtlicher — und gerichtlicher! — Bedeutung.

Zu eng ist die Konzeption des rechtsfreien Raums bei Canaris insofern, als sie nur den Richter im Auge hat. Sie ist eindimensional aus der Perspektive des Lückenproblems gesehen. Dort werden zwar dem Richter Grenzen gesetzt, nicht aber dem Gesetzgeber. Dieser soll vielmehr den rechtsfreien Raum durch Setzung positiven Rechts „verschieben“ können[12]. Eine derartige systemimmanente[13] Bestimmung des rechtsfreien Raums aus dem Willen der positiven Rechtsordnung[14] kann nur zu „justizfreien“, nicht aber zu „rechtsfreien Räumen“ führen[15].

2. Die Relativität des rechtsfreien Raums

Nicht gerade vereinfacht wird die Erörterung rechtsfreier Räume durch deren bereits mehrfach erwähnte Relativität[16]. Ein einfaches

---

[10] Dazu A. Kaufmann, Die „ipsa res iusta“, S. 39.

[11] Canaris, S. 41 f.

[12] Canaris, S. 43, unter Berufung auf Bergbohm, S. 377; Zitelmann, S. 44; Engisch, Der RR, S. 397 f.; Engisch allerdings referiert an der zitierten Stelle nur eine fremde These; gleichfalls Meier-Hayoz, Berner Kommentar, Bd. I/1, Art. 1 Nr. 260, S. 146; Canaris läßt die Frage nach einem „absolut“ rechtsfreien Raum, d. h. nach einem auch den Gesetzgeber bindenden rechtsfreien Raum ausdrücklich offen (FN 113).

[13] Dazu oben Kapitel I 3. c), II 5. sowie das Schlußkapitel.

[14] Canaris, S. 43.

[15] Das gilt auch für die Konzeption A. Kaufmanns, RR, S. 336 f., 341. Eine normative Wirkung auch gegenüber dem Gesetzgeber — wenn auch anscheinend nur de lege ferenda — hat der strafrechtsfreie Raum bei Fehsenmeier (vgl. u. a. S. 5, 220 ff.).

[16] Siehe oben Kapitel I 3. a), IV 1.

Beispiel mag das verdeutlichen. Die höchstpersönlichen Beziehungen von Freunden oder auch Ehepartnern wurden oben als rechtsfrei erkannt[17]. Das bedeutet etwa, daß Gesetzgeber oder Richter nicht über die Ausdrucksweise, über die Auseinandersetzungen, über Fragen des Sexuallebens, über Art und Weise der Teilnahme an beiderseitigen Interessen sollen befinden können. Mißhandelt aber der eine den anderen, verletzt er ihn, tötet er ihn gar, so wird niemand die rechtliche Eingriffsbefugnis verneinen, weder eine praeventive, die den Partner schützt, und zwar nötigenfalls selbst mit Zwang (polizeilicher Schutz), noch eine Folgenregelung, sei es als strafrechtliche Sanktion, sei es als Zivilrechtsfolge. Setzen die Partner sich über einen zwischen ihnen bestehenden schuldrechtlichen Vertrag auseinander, so wird man ebensowenig die rechtliche Relevanz verneinen, lediglich weil sie Freunde bzw. Ehepartner sind. In solchen Situationen treten andere Betroffenheiten hervor, andere Bedürfnisse, Interessen, Gefahren, die über das hinausgehen, was die charakteristische Situation der rein freundschaftlichen Beziehung, der persönlich-ehelichen Verhältnisse ausmachen. Hier wird deutlich, welchen Schwierigkeiten eine verbale, begriffliche Bestimmung und Abgrenzung rechtsfreier Räume begegnet[18]. Die verschiedensten Lebensbereiche, Handlungsfelder, Betroffenheiten können ineinander übergreifen. Ihre Überlagerungen, Durchdringungen, Interaktionen haben die Relativität rechtsfreier Räume bzw. der Landverteilung zwischen Recht und rechtsfreien Räumen zur Folge.

Es geht aber am Problem vorbei, wenn man daraus schließt, es gebe eben zivilrechtsfreie, strafrechtsfreie, verwaltungsrechtsfreie Räume usw.[19]. Geht man davon aus, daß der rechtsfreie Raum ein Regelungsverbot für einen bestimmten Lebensbereich bedeutet, so kommt es nicht darauf an, ob die Regelung als zivil-, straf- oder verwaltungsrechtliche auftritt, welche Art von Sanktionen sie durchsetzen sollen. Es geht vielmehr um die Eingriffsbefugnis des Staates schlechthin. Daß tatsächlich die Regeln der jeweiligen Rechtsgebiete keineswegs deckungsgleich auftreten, daß dort, wo eine zivilrechtliche Regel besteht, nicht ohne weiteres zugleich eine strafrechtliche besteht oder bestehen darf, liegt an den unterschiedlichen Zwecken und Aufgaben der Rechtsgebiete, ihren jeweiligen Funktionen, ihren — dadurch bedingt — andersartigen Voraussetzungen und Rechtsfolgen. So hat etwa das Strafrecht vielfach eher zurückzutreten, sind ihm engere Grenzen gesetzt, als zivilrecht-

---

17 Vgl. vor allem Kapitel VI und VIII 2.

18 Siehe oben Kapitel IV 3., VI, X.

19 Canaris, S. 41, 42; Zitelmann, S. 43; Engisch, RR, S. 390 f., 418 f. Fehsenmeier und A. Kaufmann, RR, beschränken ihre Untersuchungen von vornherein auf den sog. „strafrechtsfreien Raum". Derartige Annahmen beruhen zum Teil auf dem empirischen Konzept solcher rechtsfreien Räume.

lichen oder verwaltungsrechtlichen Vorschriften, weil es regelmäßig tiefer, härter in die Personsphäre einschneidet als diese[20]. Dort, wo eine strafrechtliche Sanktion unzulässig ist, eine zivilrechtliche oder verwaltungsrechtliche aber erlaubt, liegt aber noch kein rechtsfreier Raum vor[21].

Schließlich können auch die Betroffenheiten, die Kriterien, die einen rechtsfreien Raum fordern, mit unterschiedlicher Intensität auftreten, so daß die Folgen der Rechtsfreiheit, ihre Absicherung gegenüber privatautonomer Rechtsetzung in ihrer Schärfe Abstufungen aufweisen[22]. Auch darin könnte man eine gewisse Relativierung der Rechtsfreiheit sehen. Es ist aber nur eine Relativierung ihrer Durchsetzungskraft gegenüber autonom gesetzten Inhalten, gegenüber der vom Recht nur sanktionierten Selbstbindung, nicht aber gegenüber heteronomem materiellen Recht.

Gewiß ließen sich die rechtsfreien Räume auch in einen weiteren Rahmen der Freiheitsrechte einordnen, in dem diese je nach den konkreten Regelungsbedürfnissen mehr oder weniger Freiheit auch von inhaltlichen Eingriffen fordern, etwa zunächst von Detailregelungen, dann von gröberen, schließlich von Rahmenvorschriften, indem die schärferen Sanktionen eher zurücktreten müssen als die weniger einschneidenden. Doch stellen die rechtsfreien Räume eben den Endpunkt einer solchen Skala dar, an dem eine inhaltliche Normierung gleich welcher Art ausgeschlossen ist.

Die Relativität der — insofern absoluten — rechtsfreien Räume ergibt sich vielmehr aus den Schwierigkeiten ihrer Abgrenzung im Tatsächlichen, eben aus den Interaktionen der Lebensbereiche, Handlungsfelder, Betroffenheiten. Dieser Relativität der Rechtsfreiheit einerseits, der rechtlichen Relevanz andererseits kann man nur gerecht werden, indem man, von den realen Gegebenheiten und Geschehnissen, der Situation, dem Lebenssachverhalt ausgehend die jeweiligen Kriterien aufsucht, welche einschlägig und für die Entscheidung von Bedeutung sind. Diese Kriterien führen im Dialog mit dem Sachverhalt zu einer tatbestandlichen Bestimmung der Grenzen. Aus dieser wechselseitigen Annäherung an die Grenzen ergeben sich zugleich die Tatbestandsvoraussetzungen rechtlicher Regelungsbefugnis einerseits und der rechtsfreien Räume andererseits.

---

20 Siehe oben Kapitel VII 4.

21 Anderenfalls wäre in der Tat Zitelmann zuzustimmen: „Wir hätten schließlich soviele Arten von Räumen anzunehmen, wie es Arten von rechtlichen Regelungen gibt“ (S. 43).

22 Dazu Kapitel IV 2. und XI 9.

3. Das Verhältnis von Rechtsfreiheit und Freiheitsrechten

In den Perspektiven sind auch die Rechtsnormen zu sehen, welche den Schutz der rechtsfreien Räume tragen, vor allem die Menschen- und Freiheitsrechte, wie sie etwa in den Grundrechten des Grundgesetzes, insbesondere in den obersten Rechtssätzen der Art. 1 Abs. 1 und 2 Abs. 1 GG positiviert sind.

Diese geben zwar die positive Grundlage für einen verfassungsrechtlichen Schutz, erlauben aber noch nicht die genaue Bestimmung rechtsfreier Räume, insbesondere nicht etwa im Wege bloßer Deduktion. Die Bestimmung erfolgt, wie gesagt, im Dialog des jeweiligen Sachverhalts mit den entwickelten und noch zu entwickelnden Kriterien.

Die rechtsfreien Räume unterscheiden sich von den Freiheitsrechten des Grundgesetzes dadurch, daß sie eine umfassendere Freiheit bedeuten und fordern als diese. Demzufolge ist das Anwendungsgebiet „einfacher Freiheitsrechte" weiter; nicht jedes Freiheitsrecht ist schon zugleich ein rechtsfreier Raum. Die Würde des Menschen, das Recht auf freie Entfaltung der Persönlichkeit usw. schützen keineswegs nur rechtsfreie Räume. Dort, wo die Menschenwürde eines materiellen rechtlichen Schutzes bedarf, fordert sie gerade einen Eingriff des Rechts, dort, wo die Entfaltungsfreiheit einen rechtlichen Rahmen, den Schutz ihrer Voraussetzungen und die Förderung durch das Recht benötigt, wie etwa bei der Beteiligung an politischen Entscheidungsprozessen, der Mitbestimmung am Arbeitsplatz, dem Schutz der Umwelt und vielem anderen, stellt die Entfaltungsfreiheit die Grundlage der entsprechenden Rechtsregeln dar.

Auch die genannten — politischen oder betrieblichen — Entscheidungssituationen sind nicht umfassend geregelt. Sie enthalten noch Freiheitsmomente, wie vor allem die Freiheiten, zwischen mehreren Alterativen zu wählen, neue Alternativen zu entwickeln usw., Freiheiten, die unter Umständen durch die rechtliche Regelung tatsächlich erst geschaffen werden. Aber die Entscheidungsfreiheit in einer politischen Frage ist in Pflicht genommen von der Verantwortung für die Allgemeinheit und den daraus abgeleiteten Zielen. Sie ist keine umfassende Freiheit, der Willkür des Individuums überantwortet. Wenn das Recht auch hier die Entscheidung nicht im einzelnen vorzeichnen kann, so baut es doch die Bahnen der Entscheidungsfindung, setzt Grenzen und unter Umständen selbst Richtlinien inhaltlicher Art.

Solche Freiheitsrechte lassen sich vereinfachend bezeichnen als „Freiheiten zu", wohingegen die rechtsfreien Räume primär „Freiheiten von"[23] darstellen — was sich schon im Begriff selbst andeutet. Zwar ist

---

[23] Hier kann selbstverständlich nur eine rechtliche „Freiheit von" bzw. „— zu" gemeint sein. Etwas anderes ist z. B. die „Freiheit zu" bei Nietzsche,

grundsätzlich — aber sehr abstrakt gesehen — eine „Freiheit von" nicht denkbar ohne gleichzeitige „Freiheit zu". Praktisch ergeben sich aber erhebliche Unterschiede daraus, ob eine Freiheit ein konkretes Objekt hat oder überwiegend eine Abwehrfunktion gegenüber bestimmten Zwängen, für alle anderen Alternativen aber offen bleibt. So ist eine Reihe von Freiheitsrechten schon positiv gekennzeichnet durch ihr Objekt und damit im wesentlichen als „Freiheit zu" charakterisiert. (Wobei diese „Freiheit zu" selbstverständlich die „Freiheit von" all dem einschließt, was dem Freiheitsziel entgegensteht!) Hier wären etwa die Vereinigungsfreiheit, die Demonstrationsfreiheit, das Recht auf freie Ortswahl (Freizügigkeit) oder die Auswanderungsfreiheit zu nennen. Sie geben dem einzelnen bestimmte Freiheiten, die aber als solche rechtlich sehr genau ausgestaltet sein können, d. h. die Rechte — etwa von Demonstranten einerseits, von Demonstrationsgegnern andererseits — können gegeneinander unter Umständen bis in Details abgegrenzt werden, müssen es eventuell sogar, gerade um das Demonstrationsrecht zu schützen. Insoweit entsteht aus dem Freiheitsrecht kein rechtsfreier Raum: die Ausfüllung des Rechts ist nicht allein dem freien Spiel der — persönlichen oder gesellschaftlichen — Kräfte überlassen.

Allerdings ist die Terminologie z. B. des Grundgesetzes kein unfehlbares Kriterium dafür, ob es sich vornehmlich um eine „Freiheit von" oder eine „Freiheit zu" handelt. So ist etwa das Recht auf freie Entfaltung der Persönlichkeit sicher zunächst einmal eine „Freiheit von", und zwar — neben der Menschenwürde und als deren Konkretisierung — die Grundlage jeder „Freiheit von". Daß es aber im einzelnen auch zahlreiche „Freiheiten zu" umfaßt, soll nicht geleugnet werden, ebensowenig wie die Tatsache, daß die oben genannten „Freiheiten zu" gewisse Spielräume lassen. Eindeutige Abgrenzungen dürften wohl kaum aufzufinden sein. Die Grenzen sind fließend.

Das, was den rechtsfreien Raum ausmacht, ist ein bestimmtes Maß, ein relativ großer Binnenraum, der von rechtlichen (gesetzlichen, richterlichen usw.) Regelungen frei bleibt, dessen Ausgestaltung dem freien Spiel der Kräfte überlassen bleibt. Innerhalb seiner Grenzen werden die Rechte und Freiheiten der einzelnen Betroffenen nicht mehr

---

die Freiheit, „dir selber dein Böses und dein Gutes (zu) geben und deinen Willen über dich auf-(zu)-hängen wie ein Gesetz ... dir selber Richter (zu) sein und Rächer deines Gesetzes ..." (Also sprach Zarathustra, 1. Teil, Vom Wege des Schaffenden, S. 67).

Zum Unterschied zwischen rechtlicher und sittlicher Freiheit vgl. auch Nicolai Hartmann, S. 637 ff. Eine wieder andere Bedeutung haben die Begriffe bei Brinkmann, Freiheit und Verfassung, S. 9 f., wo die „Freiheit von" das Freie bestimmt als Gegenstand, der ohne etwas ist, die „Freiheit zu" das Freie als Zulassendes.

scharf gegeneinander abgegrenzt. Hier tut sich ein rechtliches Niemandsland auf, in dem andere Kräfte, andere Gesetzmäßigkeiten wirken als rechtliche. In seinen Mauern gilt nicht mehr — jedenfalls nicht im Hinblick auf einen rechtlich relevanten Freiheitsbegriff — der Satz der französischen Menschenrechtserklärung[24]: „La liberté consiste à pouvoir faire tout ce qui ne nuit pas à autrui." Hier ist selbst ein dem anderen schädliches Verhalten nicht rechtlich verboten: dem Nachbarn kann nicht verboten werden, griesgrämig in die Gegend zu schauen, ohne Gruß vorbeizugehen, eine Einladung auszuschlagen und damit die Atmosphäre und das psychische Wohlbefinden der ihn umgebenden Menschen zu beeinträchtigen[25]. Im rechtsfreien Raum wird das Zusammenleben nicht mehr mit den Mitteln des Rechts geordnet, Handlungs-, Lebens-, Freiheitssphären werden nicht mehr gegeneinander abgegrenzt, es werden keine Wertungen als „rechtsverbindlich" anerkannt. Freiheit und Würde des Menschen fordern hier gerade die Freiheit von jeglicher heteronomen Regelung. Hier bedarf die Freiheit nicht mehr der sie stützenden, sie prägenden „objektiven Ordnung", ja verträgt diese nicht mehr. Sie läßt sich nicht mehr „Richtung und Maß, Sicherheit und Geborgenheit, Inhalt und Aufgabe" von staatlicher Autorität aufdrängen[26]. Diese Freiheit läßt es nicht zu, daß mit staatlichen Mitteln zugleich mit ihr auch ihr „richtiger Gebrauch" garantiert werde. Die rechtsfreien Lebensbereiche, Situationen, Beziehungen sind dem Belieben, ja der Willkür der einzelnen ausgesetzt: Inseln der Anarchie innerhalb der Ordnung des Rechts, oder in Umkehrung des Bildes: der den Rechtskontinent umgebende Ozean der Anarchie.

Wenn auch nicht jedes Freiheitsrecht schon ein rechtsfreier Raum ist, so ist doch umgekehrt die Freiheit von rechtlicher — mit dem Anspruch auf Allgemeinverbindlichkeit auftretender — Regelung eine menschliche Freiheit, die, sobald sie durch rechtliche Fundierung garantiert wird, selbst ein Freiheitsrecht ist. Ein normativer rechtsfreier Raum, der vom Recht Achtung und Schutz fordert, ist daher schon immer zugleich ein Freiheitsrecht[27], wenn auch nicht denknotwendig ein bereits positiviertes. Die rechtsfreien Räume sind ihren positiven Schutzgesetzen vorgegeben. Sie sind über einen eventuell abweichenden Mehrheitswillen erhaben[28]. Die positiven — oder besser: positivierten —

---

[24] Art. IV der Constitution Française von 1791.

[25] Zu den Grenzen und der daraus sich ergebenden Relativität rechtsfreier Räume wiederum vgl. oben Kapitel XI 2.

[26] Vgl. aber Häberle, S. 98; dagegen Steiger, S. 111 f.

[27] Wodurch dieses Freiheitsrecht aber noch nicht den Charakter der Rechtsfreiheit verliert. Vgl. das Schlußkapitel. Es handelt sich vielmehr um die zwei Seiten ein und derselben Münze. Insofern nicht ganz zutreffend Engisch, RR, S. 404.

[28] Dazu oben Kapitel II 4.

Schutznormen haben sich an den vorgegebenen rechtsfreien Räumen zu orientieren, da sie Aufgaben und Grenzen des Rechts beachten müssen. Die Kriterien der Rechtsfreiheit geben also Auslegungsmaßstäbe, eventuell Korrekturmaßstäbe[29] für das Verfassungsrecht her. Darüber hinaus fordern die rechtsfreien Räume gegebenenfalls die Positivierung bestimmter Freiheitsrechte. Die Rechtsfreiheit wirkt als praepositives Recht auf jede Rechtsordnung ein, ob sie nun einzelne oder auch zahlreiche, vielleicht sogar in Generalklauseln wie Art. 1 Abs. 1, 2 Abs. 1 GG alle ihre Auswirkungen in positives Recht überführt hat oder nicht. Hat sie sich im positiven Recht niedergeschlagen, so macht sie ihre Forderungen natürlich zunächst über die entsprechenden Normen (z. B. des Grundgesetzes) geltend. Sie steht aber als praepositives Recht dem Gesetzgeber nicht zur Disposition, läßt sich also nicht „hinwegpositivieren", wird durch eine Änderung oder Abschaffung der Norm nicht beseitigt[30]. Auch läßt sie sich nicht durch eine restriktive Auslegung oder durch eine extensive Auslegung entgegenstehender Normen einengen. Natürlich unterliegen ihre Grenzen als immer wieder neu festzustellende Grenzen zwischen Recht und rechtsfreiem Raum einer „Auslegung". Aber nicht einer sachfremden Auslegung, die sich an dieser Grenzziehung fremden Erwägungen des positiven Rechts orientiert, sondern einer Auslegung aus den dargestellten Kriterien heraus[31].

Wenn nun das Grundgesetz alle staatliche Gewalt, die vollziehende Gewalt sowohl wie die Rechtsprechung wie auch den Gesetzgeber einschließlich des Verfassungsgesetzgebers (Art. 1 Abs. 1 Satz 2, Abs. 3, Art. 79 Abs. 3 GG) zu Achtung und Schutz auch der rechtsfreien Räume verpflichtet, so greift damit das positive Recht über sich selbst hinaus[32], versucht, „über-" oder „vorpositives" (praepositives) Recht zu positivieren. Es versucht, die ihm vorgegebenen eigenen Grenzen — und damit die des rechtsfreien Raumes —, die Nahtstelle zwischen Recht und Rechtsfreiheit zu verrechtlichen, es macht diese zu seiner Sache, zu

29 Vgl. allgemein zum überpositiven Recht: Hamann / Lenz, Einf. I A 2., S. 40.

30 Insofern ist es unrichtig, wenn Kelsen (Allgemeine Staatslehre, S. 155) sagt, naturrechtliche Prinzipien werden denaturiert, wenn sie das Gewand positiven Rechtes annehmen, sie seien dann nicht mehr Naturrecht, sondern positives Recht.

31 Ein Beispiel für eine sehr selbständige, nicht positivrechtlich indizierte „Auslegung" bzw. Erarbeitung eines rechtsfreien Raumes bietet die Argumentation des Reichsgerichts in dem bereits mehrfach zitierten Urteil RGZ 57, 250, 255 ff. (Jüdischer Scheidebrief).Allerdings ließe sich die Entscheidung heute durchaus auf Art. 1 Abs. 1, 2 Abs. 1 GG, § 134 BGB stützen.

32 Man sollte hingegen nicht von einem „Griff in die Sterne" oder gar von „metaphysischen Wertungen" sprechen. (So aber Mallmann, S. 245 bzw. Bachof, Verfassungswidrige Verfassungsnormen, S. 27.) Vielmehr handelt es sich um sehr „irdisches", sehr menschliches Recht.

einem Rechtswert, indem es ihr positivrechtlichen Schutz — gegen sich selbst — gewährt[33].

Mit dem praepositiven Recht ist nicht ein Naturrecht im Sinne starrer, bis in Einzelheiten unabänderlicher Rechtssätze gemeint, sondern die Grundlage eines Zusammenlebens, die sich an der Würde und Gleichwertigkeit aller einzelnen Menschen und den daraus in einem konkreten historisch-sozialen Kontext erwachsenden Forderungen ergibt.

Diese Voraussetzungen und Zielbestimmungen von Recht und Rechtsfreiheit knüpfen eben nicht an einer in feste Schemata gezwängten Natur des Menschen an, sondern gerade an seiner Komplexität, an der Tatsache, daß er sich letztlich begrifflich nicht fassen läßt, aber auch an der Notwendigkeit, dennoch bestimmte Regeln des Zusammenlebens zu objektivieren, zu typisieren, zu formulieren und durchzusetzen[34]. Sie sind zugleich Aufgabe und Grenze allen staatlichen Handelns, auch des Rechts, enthalten als aktuelles und zu schaffendes Recht neben den bereits geltenden Schranken den Auftrag zu immer neuer Überprüfung und Sicherung der positivierten Grenznormen.

4. Die wechselseitige Begrenzung von Recht und rechtsfreiem Raum (am Beispiel der Schranken des Art. 2 Abs. 1 GG)

Daß die Rechtsfreiheit sich nicht in starre, ein für allemal umschreibbare Felder, Bereiche ergießt, sondern aus den Relationen, den Qualitäten und Intensitäten der jeweiligen Betroffenheiten hervorgeht, daß die rechtsfreien Räume nicht vom Individuum allein her bestimmbar sind, sondern aus der intersubjektiven Situation heraus[35], wird auch an ihren positivrechtlichen Ausprägungen deutlich, nämlich daran, daß

---

[33] Daß es sich dabei um praepositives Gedankengut handelt, wird an vielen Stellen sichtbar:

Nach Art. 1 Abs. 1 GG ist die Menschenwürde unantastbar und als solche Schranke und Zweck aller staatlichen Gewalt. In dem „Bekenntnis" des Art. 1 Abs. 2 GG zu den Menschenrechten wird der deklaratorische, nicht etwa konstitutive Charakter der Norm deutlich. Art. 79 Abs. 3 GG versucht, den vorgegebenen unbedingten Charakter zusätzlich positiv abzusichern. Aus der Rechtsprechung des BVerfG, vgl. etwa BVerfGE 30, 1, 38 ff. = NJW 1971, 275, 279 und 282 (abweichende Meinung der Richter Geller, Schlabrendorff und Rupp). Auch die EMRK, die Charta der Vereinten Nationen und der Internationale Pakt über bürgerliche und politische Rechte sowie eine Reihe ausländischer Verfassungen geben dem Ausdruck. Aus historischer Sicht vgl. u. a. die „Bill of Rights" von Virginia (1776) — Art. 1 — sowie die französischen Verfassungen von 1791 und 1793. Vgl. hierzu aus der Literatur: Hamann / Lenz, Art. 1, Rdn. 2, Einf. I A 2, S. 39 f.; v. Mangoldt / Klein: Vorbemerkungen B XIV, 6, Art. 1 III 1 a m. w. N.; Maunz / Dürig / Herzog, Art. 1, Rdn. 2; Maunz, Staatsrecht, § 14 II, S. 101 ff.; v. Münch / Herdemerten, Art. 1, Rdn. 26.

[34] Dazu u. a. oben die Einführung und Kapitel X.

[35] Vgl. oben Kapitel X.

den Freiheitsrechten jeweils immanente Schranken gesetzt sind. So stößt schon das Grundfreiheitsrecht des Art. 2 Abs. 1 GG, die Freiheit der Persönlichkeitsentfaltung, auf die berühmte, in demselben Gesetz formulierte, Schrankentrias[36].

a) Die Freiheit des einzelnen wird in Verhältnis gesetzt zu den Rechten (und auch Freiheiten!) anderer, ist letztlich nur aus diesen Relationen heraus zu beurteilen. Das entspricht der immer wieder erhobenen Forderung nach Wertung und Abwägung der jeweiligen Betroffenheiten, woraus dann entweder der für eine rechtliche Regelung ausreichende Sozialbezug oder aber ein rechtsfreier Raum erkennbar wird.

b) Schwierigkeiten bereitet die in Rechtsprechung und Lehre umstrittene Schranke der „verfassungsmäßigen Ordnung". Wenn das Gesetz hier die Freiheit der Persönlichkeitsentfaltung und die verfassungsmäßige Ordnung einander gegenüberstellt, so bedeutet das noch nicht, daß beide voneinander unabhängige Größen seien. Sie sind vielmehr durcheinander bedingt[37]. Die verfassungsmäßige Ordnung kann

---

[36] Ob diese mit der h. L. auch auf die übrigen Grundrechte zu übertragen ist (so u. a.: v. Mangoldt / Klein, Vorbemerkungen B XV 3 a, S. 130; v. Münch / Niemöhlmann, Art. 2, Rdn. 61 ff.; H. Peters, S. 677; Schmidt-Bleibtreu / Klein, Vorbem. vor Art. 1, Rdn. 20; Wernicke, BK, Art. 2, Anm. 1 b; differenzierend: Maunz / Dürig / Herzog, Art. 2, Rdn. 71 f.; Nipperdey, Grundrechte IV/2, S. 767 f., 818 f.), oder ob dafür mit dem BVerfG andere Schranken entwickelt werden müssen (u. a. BVerfGE 6, 32, 36 ff.; 23, 50, 55 f.; 32, 98, 107; BVerwGE 5, 153, 158), soll an dieser Stelle nicht erörtert werden, weil die Frage zu weit in die Grundrechtsproblematik führte. Zum Vergleich folgende Formulierungen:

Art. IV Constitution Française (v. 3. Sept. 1791):

„La liberté consiste à pouvoir faire tout ce qui ne nuit pas à autrui: ainsi l'exercice des droits naturels de chaque homme n'a de bornes que celles qui assurent aux autres membres de la société la jouissance de ces mêmes droits. Ces bornes ne peuvent être déterminées que par la loi."

Art. 29 Universal Declaration of Human Rights (10. Dez. 1948):

1. Everyone has duties to the community in which alone the free and full development of his personality is possible.

2. In the exercise of his rights and freedoms, everyone shall be subject only to such limitations as are determined by law solely for the purposes of securing due recognition and respect for the rights and freedoms of others and of meeting the just requirements of morality, public order and the general welfare in a democratic society.

Art. 8 Abs. 2 EMRK (4. Nov. 1950):

1. Jedermann hat Anspruch auf Achtung seines Privat- und Familienlebens, seiner Wohnung und seines Briefverkehrs.

2. Der Eingriff einer öffentlichen Behörde in die Ausübung dieses Rechtes ist nur statthaft, insoweit dieser Eingriff gesetzlich vorgesehen ist und eine Maßnahme darstellt, die in einer demokratischen Gesellschaft für die nationale Sicherheit, die öffentliche Ruhe und Ordnung, das wirtschaftliche Wohl des Landes, die Verteidigung der Ordnung und zur Verhinderung von strafbaren Handlungen, zum Schutz der Gesundheit und der Moral oder zum Schutz der Rechte und Freiheiten anderer notwendig ist.

[37] Siehe oben die Einführung.

nicht die Freiheit des einzelnen aus dem Auge lassen, weil sie u. a. gerade deren Schutz dient. Eine Ordnung ist nur dann verfassungsmäßig, wenn sie die Freiheit in vollem Umfang (und nicht nur die in den nachfolgenden Grundrechten genannten Freiheiten) achtet. Umgekehrt ist auch der Begriff der Freiheit als normativer Begriff, ist die Freiheit als Rechtswert nicht aus den sozialen Zusammenhängen, aus den Einbindungen des Individuums[38] in seine Umwelt herauszulösen. Die Freiheitsfrage ist immer schon die Frage nach den Grenzen der Freiheit. Das Hauptfreiheitsrecht des Art. 2 Abs. 1 GG und sein Schrankenproblem erschließen sich nicht in einseitiger Perspektive[39], weder allein von einer im übrigen, d. h. unter Abstraktion von der umfassenden Freiheit, verfassungsmäßigen Ordnung[40] her, noch umgekehrt von einer absolut gesetzten Freiheit her, sondern aus der Dialektik beider. Die Schranke der verfassungsmäßigen Ordnung schließt dabei — anders als jene der „Rechte anderer" —[41] auch das Gemeinwohl ein, auch etwa die Ordnungen, die mehr durch die Notwendigkeit einer Ordnung überhaupt bestimmt sind als durch eine inhaltliche Regelung[42]. Auch sie ist also verfassungsrechtlicher Ausdruck der genannten Abwägung[43].

c) Sehr fraglich ist demgegenüber, ob auch die Schranke des Sittengesetzes so zu verstehen ist. Sieht man sich Rechtsprechung[44] und Literatur[45] an, so zeigt sich bald, daß diese Schranke als Einfallstor für Sätze einer nicht mehr rechtlich relevanten Sittlichkeit dient, einer verfeinerten Hochethik, deren Adressat das sittlich eigenverantwort-

---

38 Die Gemeinschaftsbezogenheit der Person wird betont u. a. in: BVerfGE 4, 7, 15 f.; 8, 274, 329; 12, 45, 51; 27, 1, 7; 27, 326, 351; Nachweise bei v. Mangoldt / Klein, Art. 2, Anm. III 3, S. 164 f.; Maunz / Dürig / Herzog, Art. 1, Rdn. 46, Art. 2, Abs. 1, Rdn. 70; v. Münch / Niemöhlmann, Art. 2, Rdn. 2; Schmidt-Bleibtreu / Klein, Art. 1, Rdn. 15 - 17; Benda, S. 23, 29 m. w. N.

39 Siehe oben Kapitel I 4.

40 So aber BVerfG in ständiger Rspr. seit BVerfGE 6, 32 (36 ff.); vgl. Leibholz / Rinck, Art. 2, Rdn. 5 ff. Die Rechtsprechung wird in der überwiegenden Literatur abgelehnt, weil sie Art. 2 Abs. 1 GG „bis zur Grenze des in Art. 19 Abs. 2 GG garantierten Wesensgehalts leerlaufen" lasse (Nipperdey, Grundrechte IV/2, S. 791 f.; Hamann / Lenz, Art. 2, Rdn. B 6; Küchenhoff, S. 224 ff. jeweils mit zahlreichen weiteren Nachweisen), ja letztlich den umfassenden Begriff der „allgemeinen Handlungsfreiheit" aufgebe (Hamann, Die verfassungsmäßige Ordnung, S. 229).

41 Hamann / Lenz, Art. 2, Anm. B 5; v. Mangoldt / Klein, Art. 2, Anm. IV 1 a m. w. N.; Maunz / Dürig / Herzog, Art. 2 I, Rdn. 13 - 15; v. Münch / Niemöhlmann, Art. 2, Rdn. 21; Nipperdey, Grundrechte IV/2, S. 783 ff., 818; Erbel, S. 166, FN 111; a. A.: Brinkmann, Kommentar, Art. 2, Anm. I 3 b.

42 Dazu oben Kapitel II 4.

43 Bezüglich der zu ihrer Interpretation vorgeschlagenen Klauseln vgl. Nipperdey, Grundrechte IV/2, S. 809 ff. m. w. N.

44 Vor allem die noch heute grundlegende Entscheidung des BVerfGE 6, 389 ff.; zur weiteren Rechtsprechung sei auf Erbel, S. 34 ff., 51 ff. verwiesen.

45 Auch hierzu Erbel, S. 31 ff., 100 ff.; zuletzt Starck, S. 259 ff.

liche Individuum ist, die also dessen Betroffenheit keine ausreichende Fremdbetroffenheit, keinen hinreichenden sozialen Bezug entgegenstellen können[46]. Das trifft sowohl für eine spekulative Gewinnung des Sittengesetzes aus allgemeingültigen, unabänderlichen Normen zu, die nicht von einer tatsächlichen Anerkennung und Befolgung, also auch nicht von einem Wandel der Anschauungen abhängig gemacht werden[47], wie auch für die heute weiter verbreitete sozial-empirische Feststellung[48], wonach es nicht darauf ankomme, wie ein sittliches Werturteil sich gebildet habe, sondern nur darauf, ob es allgemein anerkannt werde und als Sittengesetz gelte[49]. Letztere Methode weist den schon oben dargelegten Befund auf, daß eine empirische Betrachtungsweise unmerklich und ohne weitere Begründung in eine normative umschlägt. Die bloße Ablehnung einer bestimmten Verhaltensweise durch die herrschende Moral rechtfertigt noch nicht ohne weiteres rechtliche Sanktionen. Was die Gesellschaft von ihren Mitgliedern in sittlicher Hinsicht fordert und was sie mit rechtlichen Mitteln fordern darf, deckt sich keineswegs lückenlos[50]. Die bloße Berufung auf die Anschauungen des Volkes[51] reicht nicht aus. Damit kann man zu gegebener Zeit auch die Hexerei kriminalisieren[52].

---

[46] Vgl. im einzelnen oben Kapitel II 3., VI, VII 2., VIII 2. Auf die Bedenken des Abgeordneten Bergsträßer in der 23. Sitzung des Grundsatzausschusses vom 19. 11. 1948 gegenüber den möglichen Auslegungen des Sittengesetzes, vor allem gegenüber einem „engstirnigen Sittenrichter" antwortete der Abgeordnete v. Mangoldt, „daß derartige Auseinandersetzungen gut seien, ohne sie bilde sich kein Sittengesetz" (zit. nach JöR, NF, Bd. 1 1951, S. 57). Dem kann nur entgegengehalten werden, daß die Bildung des Sittengesetzes an sich noch nicht Aufgabe des Rechtes ist, daß die Auseinandersetzung um Fragen der bloßen Sittlichkeit nicht mit den Durchsetzungsmechanismen des Rechts (und des Richters) zu führen sind.

[47] So vor allem BGHSt 6, 46, 52; 17, 230, 233 (Verlobtenkuppelei); kritisch hierzu insbesondere Weischedel, S. 7, 10 f., 15 ff., 19 ff., 31 f.

[48] Grundlegend BVerfGE 6, 389, 434 ff.

[49] Nach Nipperdey, Grundrechte, IV/2, S. 820, ist das Sittengesetz dem Menschen zwar vorgegeben, bedarf aber zur Entfaltung seiner Wirkungskraft der Erkenntnis und Anerkennung durch die Allgemeinheit.

[50] Dazu oben Kapitel VIII 2. b) S. 83 f.

[51] BVerfGE 6, 389, 435.

[52] Besonders fragwürdig wird sie aber dann, wenn man, wie das BVerfGE 6, 389, 434 ff., das gemeine sittliche Empfinden des Jahres 1957 feststellt anhand von Gesetzesentwürfen aus den Jahren 1869, 1919 und 1925 und im übrigen auf die Lehren der beiden großen christlichen Konfessionen zurückgreift. Zustimmend Starck, S. 273 ff., der diese Argumentation des BVerfG als „mustergültig" bezeichnet (FN 77). Auch die Meinung Erbels, S. 206 f., das Sittengesetz bleibe offen für außerrechtliche Sozialregulatoren wie z. B. die öffentliche Ordnung im polizeirechtlichen Sinne und die Gewohnheitsethik, läßt sich unter dem Gesichtspunkt nicht akzeptieren. Brinkmann lehnt ein solches Vorgehen zu Recht als eine „Machtentscheidung" zugunsten der jeweils herrschenden Anschauungen ab (Kommentar, Art. 2, Anm. I 3 d).

Auch das Sittengesetz im Sinne des Art. 2 Abs. 1 GG kann keine Normen der Sittlichkeit, der Ethik, der Moral usw. erfassen und „verrechtlichen“, die mit heteronomer (staatlicher) Autorität nicht mehr vorgezeichnet und durchgesetzt werden dürfen. Das Sittengesetz als rechtliche Schranke der Entfaltungsfreiheit ist seinerseits begrenzt durch den rechtsfreien Raum. In rechtlich irrelevanten, zutiefst persönlichen, nicht mehr sozialisierbaren Bereichen ist der einzelne weder an eine Mehrheitsmeinung noch an den Wandel der sozialen Anschauungen gebunden[53]. Je tiefer eine Norm in die persönlichen Bereiche eingreift, um so mehr muß sie sich auf soziale Notwendigkeiten, Regelungsbedürfnisse berufen können, sich legitimieren[54]. Unhaltbar ist daher die Begründung einer tief in persönliche Bereiche einschneidenden Strafsanktion damit, es könne „nicht festgestellt werden, daß jedes öffentliche Interesse an einer Aufrechterhaltung der Strafbestimmung fehle“[55]. Die „Beweislast“ obliegt hier dem in die Freiheit eingreifenden Recht[56].

5. Rechtsfreier Raum und verfassungsrechtliche Schutznormen

An der Spitze der die Rechtsfreiheit schützenden Normen des deutschen Verfassungsrechts steht Art. 1 Abs. 1 GG, der als oberster Verfassungssatz gar einen theoretisch immerhin denkbaren Verstoß einer anderen Verfassungsnorm selbst mit positivrechtlichen Mitteln verhindert[57]. Daneben tritt als Konkretisierung seiner Wertentscheidung hin-

---

[53] Siehe oben Kapitel II 4., VIII 2. b) S. 88, XI 3. S. 113 f.

[54] Siehe oben Kapitel II 4., 5., VII 2., 4.

Art. 5, Satz 1 der französischen Erklärung der Menschen- und Bürgerrechte von 1789: „La loi n'a le droit de défendre que les actions nuisibles à la société.“

[55] So aber BVerfGE 6, 389, 437.

[56] Das Verhältnis der drei Schranken zueinander braucht an dieser Stelle nicht geklärt zu werden. Es erscheint allerdings fraglich, ob das Sittengesetz neben den Rechten anderer und der verfassungsmäßigen Ordnung noch eine „formal selbständige Schranke“ bedeutet (so u. a. BVerfGE 6, 389, 434), ob es gar die Auffangschranke ist, neben der die beiden anderen Spezialschranken darstellen (so Erbel, S. 203 ff., 204). Angesichts der weitgehenden Überschneidungen der Rechte anderer mit der verfassungsmäßigen Ordnung und in Anbetracht der Einschränkung des Sittengesetzes dürften die drei Schranken eher als Einheit anzusehen sein, wobei das Sittengesetz in Abkehr von einer rein positivistischen Auffassung auf die praepositive Verankerung der Schrankentrias, auf ihren auch ethischen Charakter hinweist. Vgl. auch die Ausführungen des Abgeordneten v. Mangoldt in der 23. Sitzung des Grundsatzausschusses vom 19. 11. 1948, zitiert nach JöR NF, Bd. 1, 1951, S. 57. Erbel, S. 206 ff., bestimmt den Inhalt des Sittengesetzes primär von der „Verfassungsethik“ her. Dazu Starck, S. 262; Brinkmann, Kommentar, Art. 2, Anm. I 3 d, lehnt das Sittengesetz als Schranke vollständig ab.

[57] Zu einer solchen Variante „verfassungswidrigen“ Verfassungsrechts vgl. u. a. Bachof, S. 27 ff.; Bonner Kommentar (Holtkötter), Art. 93, Anm. II B 2. i), ß); Maunz / Dürig / Herzog (Maunz), Art. 93, Anm. 21; BVerfG NJW 71, 275, 282 (abweichendes Votum der Richter Geller, v. Schlabrendorff und Rupp).

sichtlich der dynamischen Perspektive des Menschen[58] die Freiheit der Entfaltung der Persönlichkeit (Art. 2 Abs. 1 GG) als umfassendes Freiheitsrecht[59]. Das Recht wird wiederum konkretisiert durch die speziellen Freiheitsrechte. Darunter sind von besonderer Bedeutung für rechtsfreie Räume die Art. 4 Abs. 1 und 2, 5 Abs. 1 und 3 sowie 6 Abs. 1 GG.

Am Beispiel des Art. 6 Abs. 1 GG zeigt sich deutlich die oben[60] dargelegte Zweideutigkeit des Grundrechtsschutzes rechtsfreier Räume. Einerseits dient die Vorschrift, welche Ehe und Familie unter den besonderen Schutz der staatlichen Ordnung stellt, immer wieder als Anknüpfungspunkt für staatliche Eingriffe in persönlichste Bereiche, etwa unter dem Vorwand, die Institution Ehe zu schützen und zu fördern[61]. Andererseits impliziert Art. 6 Abs. 1 GG ein Freiheitsrecht gerade gegenüber heteronomer, staatlicher Einwirkung[62], also einen rechtsfreien Raum. Insbesondere die Freiheit der Eheschließung[63] wurde unter diesem Aspekt vom Bundesverfassungsgericht[64] entwickelt[65]. Es ist daher kaum verwunderlich, wenn das Grundgesetz für die verschiedensten Positionen in Anspruch genommen wird. Zwischen „Auslegen" der Norm und „Hineinlegen" verlieren sich die Grenzen im Nebel.

Sieht man Art. 6 Abs. 1 GG jedoch im Zusammenhang mit Art. 1 Abs. 1 GG und der darin geschützten Rechtsfreiheit, so bietet er ein klareres Bild. Die Rechtsfreiheit ist Auslegungsmaßstab und Grenze, scheidet all jene Regelungen und Regelungsversuche aus, welche sich nach Abwägung der jeweiligen Betroffenheiten als ungerechtfertigte Eingriffe, als „Gängelnormen" darstellen, und gibt der Abwehrkomponente in Art. 6 Abs. 1 GG ein sicheres Fundament. In der inhaltlichen Ausprägung durch die Rechtsfreiheit ist dieser Verfassungssatz eine ihrer wirksamsten gesetzlichen Waffen.

---

58 Nipperdey, Grundrechte, Bd. IV/2, S. 742 m. w. N.

59 Auf die Art. 1 und 2 GG stützt BGHSt 19, 325 auch das grundsätzliche Verbot der Verwendung von Tagebuchaufzeichnungen im Strafprozeß. Ähnlich für Tonbandaufzeichnungen BGHSt 14, 358 und BGHZ 27, 284 bzgl. eines Persönlichkeitsrechts im Sinne der §§ 823 Abs. 1, 1004 BGB, beide mit zusätzlicher Begründung durch Art. 8 EMRK.

60 Kapitel XI 3.

61 z. B. Deinhardt, S. 283; vgl. auch v. Mangoldt / Klein, Art. 6, Anm. III 3, der die Bestimmung als Einrichtungsgarantie versteht, nicht als subjektiv-öffentliches Recht.

62 BVerfGE 21, 353; v. Münch / EM v. Münch, Art. 6, Rdn. 8.

63 Eindeutig ist die Formulierung in Art. 12 EMRK.

64 E 29, 175; neuerdings BVerfG NJW 74, 545, 546 ff. = FamRZ 74, 122, 126 ff. (Eheverbot der Geschlechtsgemeinschaft); zahlreiche weitere Nachweise bei Hamann / Lenz, Art. 6, Anm. B 2.

65 Allerdings kann man nicht behaupten, daß die Freiheit sich faktisch im geltenden Recht vollständig durchgesetzt hätte. Dazu etwa Müller-Freienfels, Eheverbot, S. 305 ff. (zu § 6 EheG).

6. Rechtsfreier Raum und internationale Schutznormen

Neben den Verfassungsnormen gewinnt die Sicherung rechtsfreier Räume durch die in internationalen Charten, Pakten, Konventionen und Verträgen niedergelegten Menschen- und Freiheitsrechte immer mehr an Bedeutung. Zu nennen sind hier etwa:

— die Erklärung der Menschenrechte der Vereinten Nationen vom 10. Dezember 1948, vor allem die Art. 1, 12, 18, 19 und 29;

— die Europäische Menschenrechtskonvention (EMRK) vom 4. November 1950[66], insbesondere die Art. 8, 9, 10 und 12;

— der internationale Pakt über bürgerliche und politische Rechte vom 16. Dezember 1966[67], vornehmlich die Art. 16, 17, 18 und 19[68].

Wenn die Sanktionssysteme und die Durchsetzungskraft derartiger Kodifikationen auch noch mehr oder weniger unzulänglich sind, so bieten sie doch einen zusätzlichen Schutz gegenüber staatlichen Übergriffen auch in rechtsfreie Räume.

7. Rechtsfreier Raum und einfaches Gesetz

Eine Absicherung rechtsfreier Räume durch einfaches Gesetz ist zwar denkbar aber bisher kaum erfolgt. Hier äußert sich der Respekt vor der Rechtsfreiheit vor allem in der Abstinenz. Zudem ist ein wirksamer Schutz gegen das Recht selbst nur durch höherrangige Normen

---

66 Deutsches Vertragsgesetz zur Konvention vom 7. August 1952, BGBl 1952, Teil II, S. 685 ff., 953.

67 Am 17. Dezember 1973 von der Bundesrepublik Deutschland ratifiziert. Gemäß Art. 49 Abs. 1 tritt er aber erst drei Monate nach Hinterlegung der 35. Ratifikationsurkunde in Kraft.

68 Zwar wird z. B. der EMRK von der überwiegenden Meinung — unter Hinweis auf die Transformation in nationales deutsches Recht durch einfaches Bundesgesetz — nur einfacher Gesetzesrang zuerkannt (u. a. Maunz / Dürig / Herzog, Art. 1, Rdn. 58; Schorn, Präambel Anm. 37 m. w. N.). Das ist allerdings eine sehr formale Betrachtungsweise. Der elementare, die Grundlagen der menschlichen Gemeinschaft betreffende Inhalt, der zudem — ähnlich den oben genannten Grundrechten — praepositives Recht positiviert (vgl. auch Baumann, Freiheitsbeschränkung im Strafprozeß, S. 529 f.), die Tatsache, daß ihre Normen dem Gesetzgeber nicht disponibel (allenfalls kündbar) sind (vgl. Guradze, Kommentar, Einl. § 5 V, der aber darauf hinweist, daß dies nicht der herrschenden Meinung entspreche), und schließlich die gelegentliche Durchsetzungskraft gegenüber einfachem staatlichen Gesetz, wie sie z. B. die Befugnisse der Europäischen Kommission und des Europäischen Gerichtshofes (Art. 20 ff. und 38 ff. EMRK) ermöglichen (dazu u. a. Vanwelkenhuyzen, S. 64 und Verdroß, Diskussionsbeitrag, S. 67), deuten auf einen höheren Rang, einen eigenartigen Charakter hin. Echterhölter, S. 691 f., gründet den „übergesetzlichen" Charakter auf Art. 1 Abs. 2 GG. Von anderen wird der Verfassungsrang auf Art. 25 GG gestützt (Guradze, Kommentar, Einleitung, § 5 mit zahlreichen Nachweisen; vgl. auch die Nachweise bei Schorn, Präambel, Anm. 38).

zu gewährleisten: so gegen zu weitgehende einfache Gesetze durch Verfassungsrecht. Durchaus vorstellbar wäre allerdings ein gesetzlicher Schutz gegen ein richterliches Eindringen in rechtsfreie Räume, etwa durch die Prozeßordnungen. Ansätze dazu zeigen sich z. B. in § 888 Abs. 2 ZPO, der aber gewiß nicht ausreicht[69].

Umgekehrt treffen ein Gesetz, das in rechtsfreie Räume einbricht, die Folgen der Verfassungswidrigkeit, da es zumindest Art. 1 GG verletzt[70]. Damit einher geht gegebenenfalls eine Pflicht des Gesetzgebers zur Änderung bzw. Aufhebung des betreffenden Gesetzes[71]. Vor dem Gesetzgebungsakt entspricht dem ein Verbot, die geplante Norm zu erlassen.

Der rechtsfreie Raum wirkt also schon hier durch das Medium des Verfassungsrechts, ohne allerdings sklavisch daran gebunden zu sein, was mit seinem praepositiven Charakter nicht zu vereinbaren wäre.

8. Rechtsfreier Raum und Richterrecht

Auch im Hinblick auf den Richter ist der rechtsfreie Raum nicht auf eine Funktion zu beschränken[72], weil die möglichen Einbruchstellen in rechtsfreie Räume zu vielfältig sind. Das Gesetz[73] kommt ebenso in Betracht wie ein Vertrag oder eine Verwaltungsmaßnahme, die Auslegung[74] ebenso wie die Rechtsfortbildung praeter oder gar contra legem. Hinzu kommt die Verfilzung der rechtsfreien Räume mit rechtlich relevanten, regelbaren Bereichen. So fallen unter Umständen nur einzelne Aspekte, einzelne Gründe oder Ziele einer Klage in den rechtsfreien Raum, verfallen nur einzelne Bestimmungen eines Vertrages der Nichtig-

---

[69] Auch verschiedene Beweisverbote im Strafprozeß übernehmen eine solche Sicherung, jedoch sind sie weitgehend von der Rechtsprechung aus den Art. 1 und 2 GG — zum Teil auch aus Art. 8 EMRK — entwickelt.

Zur Bedeutung der Prozeßordnung für die Achtung vor der Würde der Beteiligten vgl. auch Hanack, Rdz. 34 f.

[70] Die Folgen im einzelnen sollen hier nicht untersucht werden, insbesondere nicht der Zeitpunkt des „Außerkrafttretens" des verfassungswidrigen bzw. „nichtigen" Gesetzes. Dazu ausführlich Maunz / Dürig / Herzog, Art. 93 Rdn. 32 ff. m. w. N.

[71] Das hängt wiederum von den Folgen der Verfassungswidrigkeit ab. Vgl. z. B. BVerfG NJW 74, 545 = FamRZ 74, 122 zu § 4 Abs. 2 EheG. Die Norm wurde zwar für verfassungswidrig erklärt, muß aber wegen der Zuständigkeit des Kontrollrates vorläufig weitergelten. Jedoch deutet das Gericht eine Möglichkeit an, sie bis zu ihrer ordnungsgemäßen Abänderung faktisch zu umgehen.

[72] Wie etwa bei Canaris, S. 41; dazu oben Kapitel XI 1. S. 109.

[73] Vor allem die unbestimmten Rechtsbegriffe — § 1353 BGB z. B. —; vgl. dazu Henkel, Rechtsphilosophie, S. 127.

[74] Zur extensiven und teleologischen Auslegung Hanack, Rdz. 13 f.

keit, wird nur ein Teilbereich eines Gesetzes von einem rechtsfreien Raum erfaßt[75]. Auch die unterschiedlichen Zwecke und Mechanismen der verschiedenen Rechtsgebiete bedingen verschiedenartige Abwehrreaktionen. Während im Strafrecht regelmäßig ein rechtsfreier Raum möglichst schon den Staatsanwalt hindern sollte, überhaupt tätig zu werden, sich im Grunde also gegen die (gesetzgeberische) Fassung des Sachverhaltes zu einem Tatbestand richtet, so kann im Zivilrecht durchaus eine Sachentscheidung angebracht sein. Hier geht es weniger um unmittelbare Eingriffe des Staates in die Sphäre der Bürger, als vielmehr um die Regelung von Streitigkeiten der Bürger untereinander. Verklagt jemand seinen Nachbarn auf täglichen Gruß (etwa auf der Grundlage eines Vertrages), verklagt ein Ehemann seine Frau auf Teilnahme an seinen Interessen (aus § 1353 BGB) etc., so ist es durchaus sinnvoll, dem Kläger unmißverständlich zu verstehen zu geben, daß er darauf keinen rechtlich durchsetzbaren Anspruch habe. Das bedeutet keineswegs, daß sein Wunsch nicht unter anderen Gesichtspunkten verständlich, „gerechtfertigt" (etwa im rein ethischen Sinne) sein könnte[76]. Nur ist er eben nicht rechtlich relevant. Die rechtliche Irrelevanz hat die materiell-rechtliche Folge: Der Anspruch ist unbegründet. Hier wird deutlich, was bereits oben[77] angeschnitten wurde: Die Grenzen des rechtsfreien Raumes sind rechtlich höchst relevant. Der Richter — ebensowenig wie der Gesetzgeber, der Staatsanwalt, der Verwaltungsbeamte usw. — darf das persönliche Verhältnis dieser Nachbarn, dieser Ehegatten nicht regeln wollen. Er darf aber und soll sogar in diesem Bereich den einen gegen rechtliche Inanspruchnahme durch den anderen schützen[78]. Dieser Schutz ist durch eine Sachentscheidung besser und richtiger gewährt als durch die Prozeßentscheidung der Unzulässigkeit.

Wenn demgegenüber Canaris[79] vorschlägt, den rechtsfreien Raum zur Grundlage einer (negativen) Prozeßvoraussetzung zu machen, so könnte man zunächst an die bereits anerkannten Prozeßvoraussetzungen der „Klagbarkeit" und des „Rechtsschutzbedürfnisses" denken. Die nach dem Gesetz unklagbaren Ansprüche sind hingegen als Rechtsansprüche grundsätzlich anerkannt, nur in ihrer Durchsetzungskraft beschnitten. Der rechtsfreie Raum geht weit darüber hinaus. Er wendet sich schon gegen die Setzung, gegen die Anerkennung als Anspruch. Zudem sind die rechtsfreien Räume eben nicht begrifflich oder gar in

---

[75] Wie etwa bei § 1353 BGB.

[76] Vgl. OLG Frankfurt, NJW 75, 2325.

[77] Kapitel XI 1.

[78] So vorbildlich OLG Düsseldorf, FamRZ 69, 153, 154 unter Hinweis auf BGHZ 11, Anhang S. 34, 62 und OLG Schleswig, FamRZ 57, 420, 422.

[79] S. 41.

einem Aktionensystem festgelegte „Ansprüche“, sondern Grenzen, die auch gegenüber sonst durchaus anzuerkennenden Ansprüchen bestehen können. Das in Qualifikation und Umfang sehr umstrittene Rechtsschutzbedürfnis ist gleichfalls ungeeignet, schon weil es primär öffentlichen Zwecken dient und gerade nicht dem Schutz des einzelnen vor staatlicher Bevormundung. Gegen eine selbständige, neu zu entwickelnde Prozeßvoraussetzung schließlich und gegen eine prozessuale Lösung überhaupt spricht, daß die Prozeßvoraussetzungen allgemein nichts mit dem Bestand des materiellen Rechts zu tun haben, sondern sich auf die Art und Weise seiner Geltendmachung beziehen[80]. Gerade umgekehrt aber der rechtsfreie Raum, dem es um mehr geht als um die bloße Durchsetzung, der also früher (nicht im prozessualen, sondern im rechtstheoretischen Sinne) ansetzt, nämlich schon beim materiellen Recht.

So kann der rechtsfreie Raum im Hinblick auf die richterliche Tätigkeit führen zu:

— Nichtigkeit oder Teilnichtigkeit eines Vertrages nach Maßgabe der Art. 1 Abs. 1, 2 Abs. 1 usw. des Grundgesetzes i. V. m. § 134 BGB
— Anweisung zur verfassungskonformen (einschränkenden) Auslegung von Gesetzen (z. B. des § 1353 BGB)
— Verbot einer in rechtsfreie Räume übergreifenden Rechtsfortbildung praeter legem (insbesondere durch Feststellung und Ausfüllung von Gesetzeslücken) oder extra legem[81]
— Verbot der Feststellung von „Gewohnheitsrecht“
— Nichtanwendung von Gesetzen bzw. — bei nachkonstitutionellem Recht — Vorlage an das Bundesverfassungsgericht und Feststellung der Verfassungswidrigkeit durch dieses
— Aufhebung von Verwaltungsmaßnahmen
— Begründetheit einer Verfassungsbeschwerde usw.[82].

Soweit darin eine unmittelbare Drittwirkung der Grundrechte zu sehen ist, wie etwa in der Nichtigkeit von Verträgen nach Art. 1 Abs. 1, 2 Abs. 1 GG i. V. m. § 134 BGB[83], muß diese Wirkung bejaht werden. Der rechtsfreie Raum wirkt sich auf die gesamte Rechtsordnung aus, nicht nur auf die in materieller Hinsicht das Verhältnis von Bürger und Staat regelnden Normen, sondern ebenso auf diejenigen, welche die Beziehungen der Bürger untereinander betreffen, auch soweit sie die von den Bürgern selbst gesetzten materiellen Regeln (in Verträgen)

80 Grunsky, Verfahrensrecht, S. 318.

81 Begriffsbildung nach Larenz, Methodenlehre, S. 341 ff.

82 z. B. BVerfG NJW 74, 545 = FamRZ 74, 122.

83 Anderenfalls käme nur § 138 BGB als Schutznorm in Betracht. So etwa Staudinger / Weber, II 1 a, Einl. J 2.

anerkennen und ihnen nur staatliche Durchsetzungskraft verleihen[84]. Die Durchsetzung ist ein heteronomes, staatliches Element, welches den Schutznormen der Rechtsfreiheit unterliegt.

Kann ein rechtsfreier Raum schließlich gegen das Rechtsverweigerungsverbot (auch Justizanspruch)[85] verstoßen? Das weitgehend formale Rechtsverweigerungsverbot ist an das geltende Recht gebunden. Keinesfalls kann es die dem Recht gesetzten, von ihm mit gesetzten und garantierten Grenzen überspielen. Ein Richter, der in einer Sache angerufen wird, deren Regelung und inhaltliche Entscheidung in einen rechtsfreien Raum fällt, hat die Rechtslage insoweit zu prüfen, als die Grenze und Sicherung der Rechtsfreiheit in Frage steht. Darüber hinaus ist ihm ein weiteres rechtliches Eindringen untersagt. Auch das Rechtsverweigerungsverbot verlangt von ihm nicht mehr[86]. Anders ausgedrückt: das Rechtsverweigerungsverbot findet seine Grenze am Recht der Rechtsfreiheit, denn es fordert nicht ein Mehr an inhaltlicher Regelung, sondern eine willkürfreie Behandlung[87] nach Maßgabe des geltenden Rechts.

9. Rechtsfreier Raum und privatautonome Rechtsetzung

Um endlich das Verhältnis von rechtsfreiem Raum und privatautonomer Rechtsetzung wieder aufzugreifen und zusammenzufassen: Verstößt nicht ein rechtsfreier Raum, der wiederum rechtlich gesichert und „durchgesetzt" wird, seinerseits gegen die Freiheit des einzelnen, sich rechtlich zu binden? Doch wird die Freiheit, an einem gegebenen Versprechen festzuhalten, durch die Weigerung rechtlicher Sanktion nicht wirklich beeinträchtigt. Demgegenüber bedeutet eine „privatautonome Rechtsetzung" immer zugleich eine Freiheitsbeschränkung,

---

[84] Zur privatautonomen Rechtsetzung siehe oben Kapitel IV und unten Kapitel XI 9.

[85] Zu dessen Inhalt vgl. u. a. Maunz / Dürig / Herzog, Art. 101, Rdn. 53; Rosenberg / Schwab, S. 11; Schönke / Kuchinke, S. 7 f.; Schumann, S. 79 ff.; Stein / Jonas / Pohle, 1. Bd., Einl. E I 2, S. 17; sowie die im folgenden Genannten.

Gestützt wird es im deutschen Recht auf:

Art. 101 Abs. 1 Satz 2 GG (so BVerfGE 3, 359, 364); Art. 103 GG (Baur, S. 396 ff.; Eb. Schmidt, Lehrkommentar, Teil I, S. 41 ff., Rdn. 16) auf der Verfassung immanente Rechtsprinzipien (Bettermann in Grundrechte III/2, S. 559); zudem auf die Art. 1 Abs. 3, 19 Abs. 4, 20, 28 und 92 (dazu Dütz, S. 111); schließlich auf Art. 6 Abs. 1 EMRK (vgl. Dütz, S. 62 ff.; Stein / Jonas / Pohle, a.a.O.). In verschiedenen ausländischen Rechtsordnungen ist es ausdrücklich normiert, so etwa in Art. 4 des französischen Code Civil und in Art. 6 Abs. 1 des spanischen Código Civil.

[86] a. A. wohl Streck, S. 79; vgl. hingegen die oben Fn. 78 zitierten Entscheidungen.

[87] Dazu insbesondere Maunz / Dürig / Herzog, Art. 101, Rdn. 53; Stein / Jonas / Pohle, a.a.O.

nämlich die Beschränkung der Freiheit, sich anders zu entscheiden, ein Festschreiben einer einmal getroffenen Entscheidung[88]. Diese Beschränkung ist ein heteronomer, rechtlicher Eingriff insofern, als staatliche Mittel zur Durchsetzung bereitgestellt werden[89].

Da aber doch die inhaltliche Setzung ursprünglich dem Willen der Betroffenen selbst entsprungen und nicht heteronom vorgezeichnet ist, wurden hier zwei Bereiche unterschieden:

Ein erster Bereich zwingender rechtsfreier Räume, in denen keinerlei Anerkennung und Durchsetzung privatautonom gesetzter Inhalte zulässig ist. Diese finden sich dort, wo nach Wertung und Abwägung der jeweiligen Betroffenheiten eine „Selbstbindung" bzw. eine rechtliche Bindung an die frühere Entscheidung unerträglich erscheint[90].

In einem zweiten Bereich ist die Rechtsfreiheit insofern dispositiv, als eine derartige Bindung möglich wird. (Die Freiheit von heteronomer Setzung bleibt also auch hier zwingend.) Es muß dann im Einzelfall ein Rechtsbindungswille festgestellt werden können[91]. Damit ist das Grenzland zwischen Recht und Rechtsfreiheit betreten[92].

Die Sicherung gegen privatautonome Rechtsetzung im ersten Bereich der zwingenden Rechtsfreiheit erfolgt, wie gesagt[93], über Art. 1 Abs. 1, 2 Abs. 1 GG i. V. m. § 134 BGB.

Im zweiten Bereich läuft die Sicherung der hinsichtlich der Durchsetzung dispositiven Rechtsfreiheit gerade auf eine Garantie der Möglichkeit privatautonomer Setzung hinaus, d. h. die Sicherung gegen die Anmaßung des Staates (Gesetzgebers oder Richters), von sich aus (heteronom) inhaltliche Regeln zu setzen.

Ob, inwieweit und auf welche Art und Weise endlich die Bereiche, Verhaltensweisen, Situationen, die als rechtsfrei zu charakterisieren sind, neben dem Schutz gegen rechtliche Übergriffe auch gegenüber außerrechtlichen Eingriffen, Manipulationen usw. abzusichern sind, ist keine Frage der Rechtsfreiheit mehr. Diese ist lediglich als Grenze eines solchen Schutzes relevant, der nämlich nicht seinerseits die zu schützende Freiheit aushöhlen darf, die „Freiheit — von" nicht zu einer eng umrissenen „Freiheit — zu" machen darf[94].

---

[88] Dazu oben Kapitel IV 2.

[89] Siehe oben Kapitel XI 8. S. 125 f.

[90] Im einzelnen oben Kapitel IV 2., 3.

[91] Weiteres oben Kapitel IV 2., 4.

[92] Der 3. oben genannte Bereich der lediglich verabredeten „Rechtsfreiheit" beinhaltet keine rechtsfreien Räume im hier gewählten Sinne mehr, Kapitel IV 5.

[93] Kapitel XI 8. S. 125.

[94] Siehe oben Kapitel VII 5.

Schlußkapitel

Zum Schluß soll die anfangs aufgeworfene Frage nach der „Existenz“ des rechtsfreien Raumes beantwortet werden, genauer: die Frage nach seiner Denkrichtigkeit[1]. Die vor allem zu Beginn dieses Jahrhunderts geführte Diskussion bewegte sich vornehmlich in der Ebene logisch-begrifflicher Gedankenoperationen. Die dabei erzielten Ergebnisse waren mehr oder weniger durch ihre jeweiligen begrifflichen Ausgangspositionen bedingt.

Gegen die Annahme rechtsfreier Räume wurde insbesondere der Satz von der logischen Geschlossenheit des Rechts angeführt. Danach lassen „die Tatbestände des Lebens ... sich entweder unter die vorhandenen Rechtssätze subsumieren oder nicht: und je nachdem ein gegebener Tatbestand unter einen Rechtsbegriff fällt oder nicht, sind die spezifischen Rechtsfolgen des in Rede stehenden Begriffs gegeben oder nicht ... eine Antwort ist de lege lata auf alle denkbaren Rechtsfragen immer da“[2]. Derartige Argumentationen arbeiten mit den Formeln: „Alles, was nicht verboten ist, ist erlaubt, alles was nicht für gültig erklärt ist, ist ungültig; alles, was nicht zur Pflicht gemacht ist, ist freigestellt; alles, was nicht für strafbar erklärt ist, ist straflos.“ Oder: „Alles, was erlaubt ist, ist nicht verboten; alles, was nicht für ungültig erklärt ist, ist gültig; usw.“ Oder: „Nichts, was nicht ausdrücklich erlaubt ist, ist rechtmäßig; nichts, was nicht besonders für gültig erklärt ist, ist rechtswirksam. Aus allen diesen Formeln ergibt sich eine lückenlose Ordnung[3].“ Für den rechtsfreien Raum wird daraus gefolgert: „... wenn die freie Entwicklung sein soll, und wenn das Recht dies Soll kraft seiner Autorität ausspricht, so betrachtet es damit diese Gegenstände nicht als irrelevant ... der Freiheitsgebrauch wird vom Recht gewollt, daher von ihm mitumfaßt: die Macht über die Grenze ist identisch mit der Macht über das Ganze ... die Freiheit liegt nicht außerhalb des Rechtes, sondern innerhalb[4].“

---

[1] Siehe oben Kapitel I 2.

[2] E. Kaufmann, S. 49.

[3] Fuchs, Unendlichkeitsprobleme, S. 44. Weiterhin die bei Fehsenmeier, S. 141, FN 199 aufgeführten Schriften, sowie Legaz y Lacambra, Rechtsphilosophie, S. 716 f. Vgl. dagegen schon Binding, Die Normen, S. 105, 131; Hold von Ferneck, S. 203, 302 f.; Fehsenmeier, S. 136 f.; A. Kaufmann, RR, S. 327 f., 332 ff. m. w. N., S. 333: „Das Eierlegen der Hühner ist rechtlich erlaubt“ oder: „Das Blühen der Rosen ist nicht strafbar.“ Aus logischer Sicht vor allem Philips, Sinn und Struktur, S. 203 ff.; ders., Rechtliche Regelung, S. 318 ff.

Die begriffliche Leere derartiger Nachweise liegt auf der Hand. Diese „Sprache ist von den Etwas-Leuten gemacht; die Loch-Leute sprechen ihre eigene“[5]. Schon die sprachliche Fassung „rechtsfreier Raum“ erklärt sich aus der Optik des Rechts, mit besonderer Prägnanz in der Deutung Kelsens, daß „diese Freiheit von der Rechtsordnung, dieses Freisein vom Staate eine rechtlich durchaus negative Qualität ist, d. h. nur dadurch qualifiziert wird, daß sie rechtlich nicht bestimmt ist“[6]. Doch steht die Rechtsfreiheit für eigene Realitäten, menschliche Notwendigkeiten, die ihre Logik nicht von einem sich selbstherrlich entwerfenden Recht beziehen, die sich nicht in die „spanischen Stiefel“ seiner Begrifflichkeit zwängen lassen. Die menschliche Freiheit, die auch von jeglicher rechtlichen Regelung frei ist, die nicht der Anerkennung durch das Recht bedarf, als „rechtliches Dürfen“ zu bezeichnen, ist Ausdruck juristischer Überheblichkeit und einer Mißachtung der Bedingungen und Grenzen des Rechts.

In einer Hinsicht ist der rechtsfreie Raum in der Tat als ein rechtliches Etwas anzusehen, indem er nämlich vom Recht mittels der Schwellennormen abgesichert wird oder abzusichern ist. Hier aber stellt sich das Recht in den Dienst der Rechtsfreiheit, welche ihm insofern vorgegeben ist. Daraus zu schließen, die Anerkennung und Billigung der Freiheit als solcher enthalte zugleich die kumulative Bejahung ihrer jeweiligen Wahlmöglichkeiten[7], übersieht zum einen diese Relation, verkennt zum anderen den entscheidenden Unterschied zwischen der Toleranz, also der bloßen Anerkennung der Verhaltensfreiheit bei gleichzeitiger Zurückhaltung mit jeder Einzelwertung und der Anerkennung eines ganz konkreten Verhaltens, eines bestimmten Interesses als rechtlich schutzwürdig[8], mithin die Differenz zwischen gegen das Recht selbst schützender Randnorm und eingreifender Binnenregelung[9]. — Allerdings werden diese Unterscheidungen erst mit einem normativen Begriff der Rechtsfreiheit wirklich relevant[10]. — So gesehen ist die Behauptung, das Schwellenrecht strahle nach innen aus, falsch.

---

[4] E. Kaufmann, Wesen, S. 51; ähnlich W. Fuchs, lex permissiva, S. 200; Somló, S. 402; Zitelmann, Anm. 14, S. 43 f.; Bergbohm, S. 375, nimmt zwar die logische Geschlossenheit des Rechts an, hebt aber trotzdem — oder gerade deswegen — die Notwendigkeit rechtsleerer Räume hervor. Freilich geht er davon aus, daß der rechtsleere Raum im Bereich des dem positiven Recht grundsätzlich zugänglichen Gebietes liegt. Dazu vgl. oben Kapitel I 1., 3. c). Für das (von ihm abgelehnte!) Naturrecht vertritt auch er den logischen Ausschluß rechtsfreier Räume, S. 395.

[5] Tucholsky, Zur soziologischen Psychologie der Löcher (1931), S. 805.

[6] Allgemeine Staatslehre, S. 151.

[7] Fuchs, lex permissiva, S. 198.

[8] Vgl. auch Weigelin, Lücken, S. 3.

[9] Zu der Unterscheidung schon Engelhard / Radbruch, S. 24, hinsichtlich der oben Kapitel IX 2. a) als „strafrechtsfrei“ gekennzeichneten Situationen.

Das Recht hat nicht die Macht über die Grenze. Die rechtsfreien Räume lassen sich nicht auf den Willen der Rechtsordnung zurückführen[11]. Die Rechtsfreiheit ist keine Freiheit von Rechtes Gnaden, die Autonomie des einzelnen, indem sie diese Rechtsfreiheit begründet, nicht vom Recht geschaffen oder gewährt. Von derartigen Vorstellungen ist es nicht mehr weit zu dem materiellen Einwand, das Recht sei grundsätzlich zur Regelung jedes Sachverhaltes, jedes Lebensverhältnisses berufen[12]. Ein Anspruch, der hoffentlich aus den vorhergehenden Ausführungen zur Genüge widerlegt ist.

Carbonnier verspottet das Weltverständnis des „Universalisten", des „Panjuristen": „Le panjuriste est, à sa façon, un poète: il a la chance de voir le droit rayonner au contour des choses familières. Là où le profane sent la tempête, il renifle le cas fortuit. Un soc de charrue dans un champ, il crie à l'art. R 26-7⁰ du Code pénal; et sous les colombes du ciel, il aperçoit des immeubles par destination. Un tel regard est capable de faire jaillir une gerbe de droit hors des faits les plus sèchement factuels. Ainsi, pour le panjurisme, le droit est indéfiniment expansible, de même qu'il est absolument homogène: il tend à emplir tout l'univers social sans y laisser aucun vide[13]."

Der rechtsfreie Raum ist ein Teil der vielfältigen Antwort auf die Frage des einzelnen: was geht mich euer Recht an? Sehr viel geht es ihn an. Soviel, wie seine Gesellschaftlichkeit, sein Zusammenleben mit den anderen erfordern. Aber umgekehrt geht auch der einzelne die Gesellschaft sehr viel an. Nicht nur ihm erwachsen durch das Recht Pflichten, auch hat das Recht Pflichten ihm gegenüber. Dem Recht ist aufgegeben, den einzelnen auch in seiner Eigenständigkeit und Gleichwertigkeit, nicht nur als vergleichbar, sondern auch als einzigartig, nicht nur als gesellschaftliches Sein, sondern zugleich als Selbstsein anzuerkennen und dementsprechend zu behandeln. Hier liegt die ontologische Begründung der Rechtsfreiheit als normative Grenze und Aufgabe des Rechts.

---

[10] Logisch möglich sind sie auch unter einem empirischen Begriff. Dazu Fuchs, Unendlichkeitsprobleme, S. 44; auch Weigelin, a.a.O., geht im Grunde von einem solchen aus.

[11] So aber Bergbohm, S. 376; E. Kaufmann, S. 51; Radbruch, Rechtsphilosophie, S. 294; Germann, S. 123 f.; Verdroß, Völkerrechtsgemeinschaft, S. 73. Vgl. auch die Formulierungen A. Kaufmanns, RR, S. 336: „... ihre Normen zurückzieht ... auf eine Wertung verzichtet."

[12] Kelsen, Allgemeine Staatslehre, S. 151.

[13] Flexible droit, S. 19; vgl. auch Fehsenmeier, S. 2, 145 ff.; A. Kaufmann, RR, S. 332 f.

Literaturverzeichnis

Adorno, Theodor W.: Eingriffe. Neun kritische Modelle, 7. Aufl., Frankfurt a. M. 1971.

Aristoteles: Die Nikomachische Ethik, übersetzt und herausgegeben von Olof Gigon, 2. Aufl., München 1972.

Austin, John: The province of jurisprudence determined, in: Lectures on jurisprudence or the philosophy of positive law, 5. Aufl., London 1885.

Bachof, Otto: Verfassungswidrige Verfassungsnormen?, Tübingen 1951.

Bagolini, Luigi: Definitions of law and vistas of justice, in: ARSP, LII. Bd., 1966, S. 321 - 347.

Baumann, Jürgen: Die Bedeutung des Art. 2 GG für die Freiheitsbeschränkung im Strafprozeß, in: Festschrift Eberhard Schmidt, Göttingen 1961, S. 525 ff. (zit.: Freiheitsbeschränkung im Strafprozeß).

— Einführung in die Rechtswissenschaft, 2. Aufl., München 1970 (zit.: Einführung).

Baur, Fritz: Der Anspruch auf rechtliches Gehör, in: AcP 153, S. 393 ff.

Beardsley, Elisabeth L.: Privacy: Autonomy and selective disclosure, in: Privacy, Nomos XIII Yearbook of the American Society for Political and Legal Philosophy, hrsg. v. J. R. Pennock und J. W. Chapman, New York 1971, S. 56 ff.

Becker, W.: Kann das Strafrecht Ehe und Familie schützen?, in: FamRZ 54, 208 ff.

Beitzke, Günther: Familienrecht, 15. Aufl., München 1970.

Benda, Ernst: Privatsphäre und Persönlichkeitsprofil, in: Festschrift für Geiger, Tübingen 1974, S. 23 ff.

Bergbohm, Karl: Jurisprudenz und Rechtsphilosophie, 1. Band, Leipzig 1892.

Berner Kommentar: Kommentar zum Schweizerischen Zivilrecht, Band I/1 (Einleitung und Art. 1 - 10), Bern 1962.

Bettermann, Karl August: Der Schutz der Grundrechte in der ordentlichen Gerichtsbarkeit, in: Bettermann, Nipperdey, Scheuner, Die Grundrechte, Band III/2, 2. Aufl., Berlin 1972, S. 523 ff.

Bierling, Ernst Rudolf: Juristische Prinzipienlehre I, 1. Aufl., Freiburg i. B. und Leipzig 1894.

Binding, Karl: Die Normen und ihre Übertretung, Band I, Normen und Strafgesetze, 3. Aufl., Leipzig 1916.

Bloch, Ernst: Naturrecht und menschliche Würde, Frankfurt a. M. 1972.

Blomeyer, Arwed: Allgemeines Schuldrecht, 3. Aufl., Berlin—Frankfurt 1964.

von Blume, W.: Das Reichsgericht und die Gefälligkeitsverträge, in: Recht 1908, 648 ff.

Bockelmann, Paul: Einführung in das Recht, München 1963 (zit.: Einführung).
— Zur Schuldlehre des OGH, in: ZStrW 63 (1951), S. 13 ff. (zit.: Schuldlehre).

Bollnow, Otto Friedrich: Einfache Sittlichkeit, 2. Aufl., Göttingen 1957.

Bonnecase, Julien: La philosophie du Code Napoléon, 2. Aufl., Paris 1928.

Bonner Kommentar: Kommentar zum Bonner Grundgesetz, Stand: 33. Lieferung (Oktober 1974), Hamburg 1950 ff.

Bosch, Friedrich-Wilhelm: Ehe und Familie in der Rechtsordnung, in: FamRZ 66, 57 ff. (zit.: Ehe und Familie).
— Neue Rechtsordnung in Ehe und Familie, Siegburg 1954 (zit.: Neue Rechtsordnung).

Brimo, Albert: Les grands courants de la philosophie du droit et de l'état, Paris 1967.

Brinkmann, Karl: Freiheit und Verfassung, Bonn 1963 (zit.: Freiheit und Verfassung).
— Grundrechts-Kommentar zum Grundgesetz, Bonn 1967 ff. (zit.: Kommentar).

Canaris, Claus-Wilhelm: Die Feststellung von Lücken im Gesetz, Berlin 1964.

Carbonnier, Jean: Flexible droit, 2. Aufl., Paris 1971 (zit.: Flexible droit).
— l'hypothèse du non-droit, in: APD (NS) No. 8 (1963), S. 55 ff. (zit.: l'hypothèse).

Carl, Hans Herbert: Das Recht der „freien Ehe", Diss., Jena 1920.

Coing, Helmut: Grundzüge der Rechtsphilosophie, 2. Aufl., Berlin 1969.

Comes, Heinrich: Der Ausschluß vom Stimmrecht im Recht der OHG (I), in: DB 1974, 2189 ff. (zit.: Stimmrecht).
— Die verlorene Ehre der geschützten Braut, in: DuR 74, S. 410 ff. (zit.: Die verlorene Ehre).

Cotta, Sergio: Le droit a-t-il une fonction propre?, in: Die Funktionen des Rechts, ARSP Beiheft (NF), Nr. 8, S. 113 ff.

Dabin, Jean: La définition du droit, in: Mélanges en l'honneur de Paul Roubier, Band I, Paris 1961, S. 199 ff.
— Théorie générale du droit, 3. Aufl., Paris 1969.

Deinhardt, K.: Kritische Betrachtungen zum Entwurf eines Gesetzes über die Neuregelung des Rechts der Ehescheidung und der Scheidungsfolgen, in: FamRZ 1971, 273 ff.

Delos, J. T.: La théorie de l'institution, in: APD Band 1, Paris 1931, S. 97 ff.

Demski, Reiner: Neues von der Unzucht, in: KJ 1973, S. 52 ff.

Dernburg, Heinrich: Die allgemeinen Lehren des bürgerlichen Rechts des deutschen Reichs und Preußens, Halle a. S. 1902.

Desqueyrat, André: L'institution, le droit objectif et la technique positive, Paris 1933.

Deubner, Karl G.: Zerrüttungsprinzip und Streitträchtigkeit, in: Eherechts-Reform, Band 2 der Schriftenreihe Rechtspolitik und Gesetzgebung, herausgegeben von Gessler u. a., Frankfurt/M. 1971, S. 50 ff.

Deutsch, Erwin: Urteilsanmerkung, in: JZ 69, 232 f.

Dölle, Hans: Familienrecht, Band 1 und 2, Karlsruhe 1964 - 1965.

Dohna, Alexander Graf zu: Kernprobleme der Rechtsphilosophie, Berlin—Wien 1940.

Domat, Jean: Les loix civiles dans leur ordre naturel, suivies du droit public & c., nouvelle éditon, Luxembourg 1702.

Dombois, Hans: Das Problem der Institutionen und die Ehe, in: Recht und Institution, herausgegeben von H. Dombois, Witten/Ruhr 1956.

Dreher, Eduard: Strafgesetzbuch, 34. Aufl., München 1974.

Dütz, Wilhelm: Rechtsstaatlicher Gerichtsschutz im Privatrecht, Berlin—Zürich—Bad Homburg 1970.

Echterhölter, Rudolf: Die Europäische Menschenrechtskonvention im Rahmen der verfassungsmäßigen Ordnung, in: JZ 55, 689 ff.

Eherechtskommission beim Bundesministerium der Justiz, Vorschläge zur Reform des Ehescheidungsrechts, 2. Aufl., Bielefeld 1971 (zit.: Scheidungsrecht).

— III. Teilbericht, Bielefeld 1972 (zit.: 3. Teilbericht).

Emmerich, Volker: Inhalt des Schuldverhältnisses — Leistungsstörungen, in: Athenäum-Zivilrecht 1, Frankfurt/M. 1972, S. 279 ff.

Engelhard, Herbert: Strafrecht. Die Lehre vom Verbrechen an Hand von Rechtsfällen, ergänzt und herausgegeben von Gustav Radbruch, 2. Aufl., Heidelberg 1948 (zit.: Engelhard / Radbruch).

Engisch, Karl: Auf der Suche nach der Gerechtigkeit, München 1971 (zit.: Suche).

— Einführung in das juristische Denken, 5. Aufl., Stuttgart—Berlin—Köln—Mainz 1971 (zit.: Einführung).

— Die Idee der Konkretisierung in Recht und Rechtswissenschaft unserer Zeit, 2. Aufl., Heidelberg 1968 (zit.: Konkretisierung).

— Methoden der Strafrechtswissenschaft, in: Enzyklopädie der Geisteswissenschaftlichen Arbeitsmethoden, 11. Lieferung, Methoden der Rechtswissenschaft, Teil I, München—Wien 1972, S. 39 ff. (zit.: Methoden).

— Der rechtsfreie Raum, in: ZStW 108, 385 ff. (zit.: RR).

— Der rechtsfreie Raum: in: Münchner Universitätswoche an der Sorbonne 1956, S. 206 ff. (zit.: Münchner Woche).

Enneccerus / Lehmann: Lehrbuch des Bürgerlichen Rechts, II. Band, Recht der Schuldverhältnisse, 15. Bearbeitung, Tübingen 1958.

Enneccerus / Nipperdey: Lehrbuch des Bürgerlichen Rechts, I. Band, Allgemeiner Teil des Bürgerlichen Rechts, 1. Halbband, 15. Aufl., Tübingen 1959, 2. Halbband, 15. Aufl., Tübingen 1960.

Erbel, Guenter: Das Sittengesetz als Schranke der Grundrechte, Berlin 1971.

Erdsiek, Gerhard: Urteilsanmerkung, in: SJZ 48, Sp. 35 ff.

Erman, Walter (-Bearbeiter): Handkommentar zum Bürgerlichen Gesetzbuch, Band 1 und 2, 5. Aufl., Münster 1972.

Ermecke, Gustav: Verhältnis von Ehe und Familie zum Staat, in: Staatslexikon (Herder), Band II, Freiburg i. B. 1958, Sp. 995 ff.

Esser, Josef: Schuldrecht, Band 1, Allgemeiner Teil, 4. Aufl., Karlsruhe 1970, Band 2, Besonderer Teil, 4. Aufl., Karlsruhe 1971.

— Vorverständnis und Methodenwahl in der Rechtsfindung, 2. Aufl., Frankfurt/M. 1972 (zit.: Vorverständnis).

Fehsenmeier, Wolfgang: Das Denkmodell des strafrechtsfreien Raumes unter besonderer Berücksichtigung des Notstandes, Diss., Saarbrücken 1970.

Fikentscher, Wolfgang: Maurice Hauriou und die institutionelle Rechtslehre, in: Festschrift für Ludwig Raiser, Tübingen 1974, S. 559 ff., (zit.: Maurice Hauriou).

— Schuldrecht, 4. Aufl., Berlin 1973 (zit.: Schuldrecht).

Flume, Werner: Allgemeiner Teil des Bürgerlichen Rechts, 2. Band, Das Rechtsgeschäft, 2. Aufl., Berlin—Heidelberg—New York 1975.

Friedmann, Wolfgang: Legal theory, 5. Aufl., London 1967 (zit.: Legal theory).

— Recht und sozialer Wandel, übertragen von Monika Weiss, Frankfurt/M. 1969 (zit.: Recht und sozialer Wandel).

Fuchs, Wilhelm: Lex permissiva, Indifferenzstandpunkt, rechtsleerer Raum, Lückenfrage, in: Internationale Zeitschrift für Theorie des Rechts, Bd. 1 (1926/27) (zit.: Lex permissiva).

— Unendlichkeitsprobleme im Recht, Logische Studien im Gebiete der Jurisprudenz, Heft 1, Teil II, Hannover 1920 (zit.: Unendlichkeitsprobleme).

Fuller, Lon L.: Law as an instrument of social control and law as a facilitation of human interaction, in: Die Funktionen des Rechts, ARSP, Beiheft (NF) Nr. 8, S. 99 ff.

Gallas, Wilhelm: Beiträge zur Verbrechenslehre, Berlin 1968 (zit.: Beiträge zur Verbrechenslehre).

— Pflichtenkollision als Schuldausschließungsgrund, in: Festschrift für E. Mezger, München—Berlin 1954, S. 311 ff. (zit.: Pflichtenkollision).

— Strafbares Unterlassen im Falle einer Selbsttötung, in: JZ 60, 649 ff. und 686 ff. (zit.: Strafbares Unterlassen).

Gamillscheg, Franz: Buchbesprechung, in: FamRZ 74, 547 f.

Gehlen, Arnold: Moral und Hypermoral. Eine pluralistische Ethik, 2. Aufl., Frankfurt/M.—Bonn 1970.

Gény, François: Science et technique en droit privé positif, Band I, 2. Abdruck, Paris 1922, Band II, 2. Abdruck, Paris 1927.

Germann, Oskar Adolf: Probleme und Methoden der Rechtsfindung, 1. Aufl., Bern 1965.

Gernhuber, Joachim: Lehrbuch des Familienrechts, 2. Aufl., München 1971.

Gierke, Otto *von:* Deutsches Privatrecht, Band 1, Allgemeiner Teil und Personenrecht, Leipzig 1895.

Giese, Hans: Vorwort zu Hanack: Zur Revision des Sexualstrafrechts in der Bundesrepublik, Hamburg 1969.

Gross, Hyman: Privacy and autonomy, in: Privacy, Nomos XIII Yearbook of the American Society for Political and Legal Philosophy, hrsg. v. J. R. Pennock und J. W. Chapman, New York 1971, S. 169 ff.

Grunsky, Wolfgang: Grundlagen des Verfahrensrechts, 2. Aufl., Bielefeld 1974 (zit.: Verfahrensrecht).

— Verfahrensrechtliche Probleme einer Ehescheidungsreform, in: Eherechts-Reform, Band 2 der Schriftenreihe Rechtspolitik und Gesetzgebung, herausgegeben von Gessler u. a., Frankfurt/M. 1971, S. 134 ff.

Guradze, Heinz: Die Europäische Menschenrechtskonvention, Kommentar, Köln 1968.

Gurvitch, Georges: Grundzüge der Soziologie des Rechts, übertragen von H. Naumann und S. v. Massenbach, Neuwied a. Rh. 1960.

Häberle, Peter: Die Wesensgehaltsgarantie des Art. 19 Abs. 2 GG, 2. Aufl., Karlsruhe 1972.

Haesaert, J.: Théorie générale du droit, Bruxelles 1948.

Hamann, Andreas: Die verfassungsmäßige Ordnung, in: BB 57, 229 ff.

Hamann / Lenz: Das Grundgesetz, Ein Kommentar für Wissenschaft und Praxis, 3. Aufl., Neuwied a. Rh.—Berlin 1970.

Hamel, Walter: Von den Grenzen profaner Gesetzgebung in Ehesachen, in: AcP 153 (1954), 481 ff.

Hanack, Ernst-Walter: Zur Revision des Sexualstrafrechts in der Bundesrepublik, Taschenbuchausgabe des Gutachtens für den 47. Deutschen Juristentag 1968, Hamburg 1969.

Hart, Herbert Lionel Adolphus: The concept of law, Oxford 1961.

Hartmann, Nicolai: Ethik, 4. Aufl., Berlin 1962.

Hartung, Fritz: Urteilsanmerkung, in: NJW 50, 151 ff.

Hauriou, Maurice: Die Theorie der Institution und der Gründung, in: Die Theorie der Institution, Schriften zur Rechtstheorie, Heft 5, eingeleitet und herausgegeben von Roman Schnur, übertragen von H. und J. Jecht, Berlin 1965.

Hegel, Georg Wilhelm Friedrich: Grundlinien der Philosophie des Rechts, Ausgabe Hoffmeister, Bd. XII, 4. Aufl., Hamburg 1955.

Heidegger, Martin: Sein und Zeit, 12. Aufl., Tübingen 1972.

Heller, Hermann: Allgemeine Staatslehre, herausgegeben von G. Niemeyer, 2. Aufl., Leiden 1961.

Hellwig: Über die Grenzen der Vertragsmöglichkeit, in: AcP 86, 223 ff.

Henkel, Heinrich: Einführung in die Rechtsphilosophie, München und Berlin 1964 (zit.: Rechtsphilosophie).

— Das Problem der Rechtsgeltung, in: Gedächtnisschrift für René Marcic, 1. Bd., Berlin 1974, S. 63 ff. (zit.: Rechtsgeltung).

von der Heydte, Friedrich August, Freiherr: Judicial self-restraint eines Verfassungsgerichts im freiheitlichen Rechtsstaat?, in: Festschrift für Geiger, Tübingen 1974, S. 909 ff.

v. Hippel, Ernst: Geschichte der Staatsphilosophie, Band I, Meisenheim am Glan 1955.

Hobbes, Thomas: Leviathan, herausgegeben von I. Fetscher, übertragen von W. Euckner, Neuwied und Berlin 1966.

Hoffmann / Stephan: Ehegesetz. Kommentar, 2. Aufl., München—Berlin 1968.

Hold von Ferneck, Alexander Freiherr: Die Rechtswidrigkeit, Band 1: Der Begriff der Rechtswidrigkeit, Jena 1903.

Huber, Hans: Niedergang des Rechts und Krise des Rechtsstaates, in: Festgabe für Zaccaria Giacometti, Zürich 1953, S. 59 ff.

Jäger, Herbert: Strafgesetzgebung und Rechtsgüterschutz bei Sittlichkeitsdelikten, Beiträge zur Sexualforschung, Heft 12, Stuttgart 1957.

Jellinek, Georg: Allgemeine Staatslehre, 3. Aufl., Berlin 1914.

Jerusalem, Franz W.: Zum Verfassungsproblem, in: SJZ 1946, 108 ff.

Jhering, Rudolf *von:* Jurisprudenz des täglichen Lebens, 15. Aufl., bearbeitet von P. Oertmann, Jena 1927.

Kant, Immanuel: Metaphysik der Sitten, Ausgabe Weischedel, Band IV, Darmstadt 1963.

Kaufmann, Arthur: Die „ipsa res iusta", in: Festschrift für Larenz, München 1973, S. 27 ff. (zit.: „ipsa res iusta").

— Rechtsfreier Raum und eigenverantwortliche Entscheidung, in: Festschrift für Maurach, Karlsruhe 1972, S. 327 ff. (zit.: RR).

— Rechtsphilosophie im Wandel, Frankfurt/M. 1972 (zit.: Rechtsphilosophie).

— Das Schuldprinzip, Heidelberg 1961 (zit.: Schuldprinzip).

Kaufmann, Erich: Das Wesen des Völkerrechts und die Clausula Rebus Sic Stantibus, Tübingen 1911.

Kaufmann, Hans: Krisen und Wandlungen der deutschen Literatur von Wedekind bis Feuchtwanger, 2. Aufl., Berlin—Weimar 1969.

Kelsen, Hans: Allgemeine Staatslehre, Berlin 1925 (zit.: Allgemeine Staatslehre).

— Reine Rechtslehre, 2. Aufl., Wien 1960 (zit.: Reine Rechtslehre).

Klefisch, Th.: Die nationalsozialistische Euthanasie im Blickfeld der Rechtsprechung und Rechtslehre, in: MDR 50, 258 ff.

Klug, Ulrich: Rechtslücke und Rechtsgeltung, in: Festschrift für H. C. Nipperdey, Berlin 1965, S. 71 ff.

Knies, Wolfgang: Verfassungsrechtliche Probleme des § 184 Abs. 1 Nr. 1 StGB, in: NJW 1970, 15 ff.

Kohler, Josef: Lehrbuch des Bürgerlichen Rechts, 2. Bd., 1. Teil, Berlin 1906 (zit.: Lehrbuch).

— Zwölf Studien zum Bürgerlichen Gesetzbuch I, Das Obligationsinteresse, in: ABR, 12. Bd., 1897, S. 1 ff. (zit.: Zwölf Studien).

Kohlhaas, Max: Das Recht auf den eigenen Tod, in: NJW 73, 548 ff.

Kost, Pius: Die Gefälligkeit im Privatrecht, Zürich 1973.

Kraus, Karl: Sittlichkeit und Kriminalität, herausgegeben von H. Fischer, München 1970.

Krauß, Detlef: Der Schutz der Intimsphäre im Strafprozeß, in: Festschrift für Gallas, Berlin—New York 1973, S. 365 ff.

Kriele, Martin: Kriterien der Gerechtigkeit, Berlin 1963.

Küchenhoff, Dietrich: Die Beschränkbarkeit des Rechts auf Persönlichkeitsentfaltung durch Gesetz, in: DöV 1966, 224 ff.

Kuhlenbeck, L.: Die Rechtsprechung des Reichsgerichts in Beziehung auf die wichtigsten Begriffe und Institute des Zivilrechts (LVIII), in: JW 1904, 226 ff.

Lange, Richard: Strafrechtsreform. Reform im Dilemma, Stichworte Bd. 3, München—Wien 1972.

Larenz, Karl: Lehrbuch des Schuldrechts, Band 1: Allgemeiner Teil, 10. Aufl., München 1970, Band 2: Besonderer Teil, 10. Aufl., München 1972 (zit.: SchR/AT bzw. SchR/BT).

— Methodenlehre der Rechtswissenschaft, 3. Aufl., Berlin—Heidelberg—New York 1975 (zit.: Methodenlehre).

Legaz y Lacambra, Luis: Les Fonctions du droit, in: Die Funktionen des Rechts, ARSP Beiheft (NF), Nr. 8, S. 1 ff. (zit.: Les Fonctions).

— Rechtsphilosophie, übertragen von W. und G. Krömer, Neuwied—Berlin 1965 (zit.: Rechtsphilosophie).

Leibholz, Gerhard: Die Gleichheit vor dem Gesetz, Berlin 1925.

Leibholz / Rinck: Grundgesetz für die Bundesrepublik Deutschland. Kommentar an Hand der Rechtsprechung des Bundesverfassungsgerichts, 4. Aufl., Köln 1971.

Leipziger Kommentar: Strafgesetzbuch, I. Band (Einleitung und §§ 1 - 152), 8. Aufl., Berlin 1957, II. Band (§§ 80 - 262), 9. Aufl., Berlin—New York 1974 (zit.: LK, 8. bzw. 9. Aufl.).

Lenckner, Theodor: Der rechtfertigende Notstand, Tübingen 1965.

Litt, Theodor: Individuum und Gemeinschaft, 3. Aufl., Leipzig—Berlin 1926.

Lüderitz, Alexander: Empfiehlt es sich, Gründe und Folgen der Ehescheidung neu zu regeln?, in: Verhandlungen des 48. Deutschen Juristentages, Mainz 1970, Band I (Gutachten), München 1970.

Lüke, Gerhard: Die Eheverbote wegen Schwägerschaft und Ehebruchs, in: NJW 62, 2177 ff.

Luhmann, Niklas: Institutionalisierung — Funktion und Mechanismus im sozialen System der Gesellschaft, in: Schelsky, Zur Theorie der Institution, Düsseldorf 1970, S. 27 ff.

Lukács, Georg: Zur Ontologie des gesellschaftlichen Seins. Die Arbeit, Neuwied und Darmstadt 1973.

Maihofer, Werner: Anthropologie der Koexistenz, in: Festschrift für Erik Wolf, Frankfurt/M. 1972, S. 162 ff. (zit.: Anthropologie der Koexistenz).

— Recht und Existenz, in: Vom Recht, Hannoversche Beiträge zur politischen Bildung, Band 3, Hannover 1963, S. 161 ff. (zit.: Recht und Existenz).

— Recht und Sein, Frankfurt/M. 1954 (zit.: Recht und Sein).

Mallmann, W.: La bouche qui prononce les paroles de la loi?, in: JZ 51, 245 f.

v. Mangoldt / Klein: Das Bonner Grundgesetz, Band I, 2. Aufl., Berlin—Frankfurt 1957.

Marcic, René: Rechtsphilosophie, Freiburg i. B. 1969.

Marloh, Frieder: Zur schweren Eheverfehlung, in: JZ 58, 497 f.

Marsch, Wolf-Dieter: Das Institutionen-Gespräch in der evangelischen Kirche, in: Schelsky, Zur Theorie der Institution, Düsseldorf 1970, S. 127 ff.

Maunz, Theodor: Deutsches Staatsrecht, 19. Aufl., München 1973.

Maunz / Dürig / Herzog: Grundgesetz, Kommentar, I. Band (Art. 1 - 37), 4. Auflage, Lieferung 1 - 13, München 1974, II. Band (Art. 38 ff.), 4. Aufl., Lieferung 1 - 13, München 1974.

Mayer, Helmuth: Strafrecht, Stuttgart—Köln 1953.

Medicus, Dieter: Bürgerliches Recht, 6. Aufl., Köln—Berlin—Bonn—München 1973.

Meyer-Ladewig, Jens: Justizstaat und Richterrecht, in: AcP 161, 97 ff.

Müller-Freienfels, Wolfram: Ehe und Recht, Tübingen 1962 (zit.: Ehe und Recht).

— Zur Scheidung wegen Glaubenswechsels, in: JZ 64, 305 ff. (zit.: Zur Scheidung).

— Zur Verfassungsmäßigkeit des Eheverbots wegen Ehebruchs, in: JZ 74, 305 ff. (zit.: Eheverbot).

Münch, Ingo von (-Bearbeiter): Grundgesetz — Kommentar, Band I (Präambel bis Art. 20), Frankfurt/M. 1974.

Natorp, Paul: Recht und Sittlichkeit, in: Kant-Studien, Bd. XVIII (1913), S. 1 ff.

Nietzsche, Friedrich: Also sprach Zarathustra, Ausgabe Kröner, Stuttgart 1960.

Nipperdey, Hans Carl: Freie Entfaltung der Persönlichkeit, in: Bettermann / Nipperdey, Die Grundrechte, Bd. IV/2, S. 741 ff. Berlin 1962.

Oertmann, Paul: Civilistische Rundschau, in: ABR, Bd. 12 (1897), S. 263 ff.

Palandt (-Bearbeiter): Bürgerliches Gesetzbuch, 34. Aufl., München 1975.

Pawlowski, Hans-Martin: Studium der Rechtswissenschaft, Tübingen 1969.

Peters, Hans: Die freie Entfaltung der Persönlichkeit als Verfassungsziel, in: Festschrift für Laun, Hamburg 1952, S. 669 ff.

Peters, Karl: Zur Lehre von den persönlichen Strafausschließungsgründen, in: JR 49, 496 ff. (zit.: Strafausschließungsgründe).

— Die Tötung von Menschen in Notsituationen, in: JR 50, 742 ff. (zit.: Notsituationen).

Philips, Lothar: Sinn und Struktur der Normlogik, in: ARSP Bd. 52 (1966), S. 195 ff. (zit.: Sinn und Struktur).

— Rechtliche Regelung und formale Logik, in: ARSP Bd. 50 (1964), S. 317 ff.

Planck (-Bearbeiter): Kommentar zum Bürgerlichen Gesetzbuch, Band I (§§ 1 bis 240), 4. Aufl., Berlin 1913, Band II/1 (§§ 241 - 432), 4. Aufl., Berlin 1914.

Pothier: Traité des obligations, Band I, Paris 1777.

Radbruch, Gustav: Rechtsphilosophie, 8. Aufl., herausgegeben von Erik Wolf und Hans-Peter Schneider, Stuttgart 1973.

Ramm, Thilo: Eheverbot und Ehenichtigkeit, in: JZ 63, 47 ff. (zit.: Eheverbot).

Ramm, Thilo: Grundgesetz und Eherecht, Tübingen 1972 (zit.: Grundgesetz und Eherecht).

— Die Umgestaltung des Eherechts durch das Grundgesetz, in: JZ 73, 722 ff. (zit.: Umgestaltung).

Regelsberger, Ferdinand: Pandekten, Erster Band, Leipzig 1893.

Rendtorff, Trutz: Das Problem der Institution in der neueren Christentumsgeschichte, in: Schelsky, Zur Theorie der Institution, Düsseldorf 1970, S. 141 ff.

Reuss, Karl Friedrich: Die Intensitätsstufen der Abreden und die Gentleman-Agreements, in: AcP Bd. 154, S. 485 - 526.

RGRK / BGB (-Bearbeiter): Das Bürgerliche Gesetzbuch mit besonderer Berücksichtigung der Rechtsprechung des Reichsgerichts und des Bundesgerichtshofs, Kommentar, herausgegeben von Reichsgerichtsräten und Bundesrichtern, I. Band, 2. Teil (§§ 241 - 432), 11. Aufl., Berlin 1960, IV. Band, 1. Teil (§§ 1297 - 1588), 11. Aufl., Berlin 1960, IV. Band, 3. Teil (§§ 1 bis 80 EheG), 10./11. Aufl., Berlin 1968.

Ritter, Joachim: Institution „ethisch“. Bemerkungen zur philosophischen Theorie des Handelns, in: Schelsky, Zur Theorie der Institution, Düsseldorf 1970, S. 59 ff.

Rosenberg / Schwab: Zivilprozeßordnung, 11. Aufl., München 1974.

Rother, Werner: Urteilsanmerkung, in: NJW 65, 1334 f.

Roxin, Claus: Sinn und Grenzen staatlicher Strafe, in: JuS 66, 377 ff.

Russell, Bertrand: Marriages and Morals, London 1929.

Ryffel, Hans: Grundprobleme der Rechts- und Staatsphilosophie, Neuwied—Berlin 1969.

Sartre, Jean-Paul: L'existentialisme est un humanisme, Paris 1970.

Sauer, Wilhelm: Juristische Methodenlehre, Stuttgart 1940.

Savatier, René: Les creux du droit positif au rythme des métamorphoses d'une civilisation, in: Le problème des lacunes, herausgegeben von Chaim Perelman, Bruxelles 1968, S. 521 ff.

Savigny, Friedrich Carl *von:* System des heutigen Römischen Rechts, Band 1 und 2, Berlin 1840.

Scheel, Eva: Die übergesetzlichen Unrechts-, Schuld- und Strafausschließungsgründe, Diss., Frankfurt/M. 1957.

Scheler, Max: Der Formalismus in der Ethik und die materiale Wertethik, 4. Aufl., Bern 1954.

Schelsky, Helmut: Zur soziologischen Theorie der Institution, in: Schelsky, Zur Theorie der Institution, Düsseldorf 1970, S. 9 ff.

Scheuerle, Wilhelm A.: Das Wesen des Wesens, in: AcP Bd. 163, 429 ff.

Schild, Wolfgang: Die Institutionentheorie Maurice Haurious, in: ÖZöR 74, 3 ff.

Schmidt, Eberhard: Lehrkommentar zur StPO und zum GVG, 2. Aufl., Göttingen 1964 (zit.: Lehrkommentar).

— Urteilsanmerkung, in: SJZ 49, Sp. 559 ff. (zit.: Anmerkung).

Schmidt-Bleibtreu / Klein: Kommentar zum Grundgesetz für die Bundesrepublik Deutschland, 3. Aufl., Neuwied—Berlin 1973.

Schmitz, Hermann: System der Philosophie, Dritter Band, Dritter Teil: Der Rechtsraum, Praktische Philosophie, Bonn 1973.

Schönfeld, Walther: Rechtsperson und Rechtsgut im Licht des Reichsgerichts, in: Festgabe der juristischen Fakultäten zum 50jährigen Bestehen des Reichsgerichts, Bd. 2, Berlin—Leipzig 1929, S. 191 ff.

Schönke / Kuchinke: Zivilprozeßrecht, 9. Aufl., Karlsruhe 1969.

Schönke / Schröder: Strafgesetzbuch, Kommentar, 14. Aufl., München 1969, 17. Aufl., München 1974.

Schopenhauer, Arthur: Über die Grundlage der Moral, Ausgabe Löhneysen, Band III, Darmstadt 1962, S. 629 ff.

Schorn, Hubert: Die Europäische Konvention zum Schutz der Menschenrechte und Grundfreiheiten, Frankfurt 1965.

Schreiber, Rupert: Die Geltung von Rechtsnormen, Berlin—Heidelberg—New York 1966.

Schreier, Fritz: Grundbegriffe und Grundformen des Rechts, Leipzig und Wien 1924.

Schroeder, Friedrich Christian: Systematische Stellung und Rechtsgut der Sexualstraftaten nach dem 4. StrRG, in: Festschrift für Welzel, Berlin—New York 1974, S. 859 ff.

Schumann, Ekkehard: Das Rechtsverweigerungsverbot, in: ZZP 81 (1968), S. 79 ff.

Simitis, Spiros: Einleitung zu Friedmann, Recht und sozialer Wandel, Frankfurt/M. 1969.

Simson, Gerhard: Die Erleichterung der Eheschließung und Ehescheidung in Schweden von 1974, in: JZ 74, 404 f. (zit.: Erleichterung).

— Grenzen des Sexualstrafrechts in Deutschland und Schweden, in: JZ 68, 481 ff. (zit.: Grenzen).

— Grundzüge der schwedischen Kriminalrechtsreform, Karlsruhe 1966 (zit.: Grundzüge).

— Die Sexualdelikte im schwedischen Strafrecht, in: MoKrim 63, 158 (zit.: Sexualdelikte).

Simson / Geerds: Straftaten gegen die Person und Sittlichkeitsdelikte in rechtsvergleichender Sicht, München 1969.

Soergel / Siebert (-Bearbeiter): Bürgerliches Gesetzbuch, Band 2 (§§ 241 - 610), 10. Aufl., Stuttgart—Berlin—Köln—Mainz 1967, Band 3 (§§ 611 - 853), 10. Aufl., Stuttgart—Berlin—Köln—Mainz 1969, Band 5 (Familienrecht), 10. Aufl., Stuttgart—Berlin—Köln—Mainz 1971.

Somló, Felix: Juristische Grundlehre, 2. Aufl., Leipzig 1927.

Spendel, Günter: Der Conditio-sine-qua-non-Gedanke als Strafmilderungsgrund, in: Festschrift für Engisch, Frankfurt/M. 1969, S. 509 ff.

Stammler, Rudolf: Lehrbuch der Rechtsphilosophie, 3. Aufl., Berlin—Leipzig 1928 (zit.: Rechtsphilosophie).

— Das Recht der Schuldverhältnisse in seinen allgemeinen Lehren, Berlin 1897.

Stanley, J. Benn: Privacy, freedom and respect for persons, in: Privacy, Nomos XIII Yearbook of the American Society for Political and Legal Philosophy, hrsg. v. J. R. Pennock und J. W. Chapman, New York 1971, S. 1 ff.

Starck, Christian: Das Sittengesetz als Schranke der freien Entfaltung der Persönlichkeit, in: Festschrift für Geiger, Tübingen 1974, S. 259 ff.

v. Staudinger (-Bearbeiter): Kommentar zum Bürgerlichen Gesetzbuch, II. Band, Teil 1 a (§§ 241, 243 - 248), 11. Aufl., Berlin 1967, II. Band, Teil 3 (§§ 611 - 704), 11. Aufl., Berlin 1958, IV. Band, Teil 1 (§§ 1297 - 1362, EheG §§ 1 - 80), 10./11. Aufl., Berlin 1975.

Steiger, Heinhard: Institutionalisierung der Freiheit? Zur Rechtsprechung des Bundesverfassungsgerichts im Bereich der Grundrechte, in: Schelsky, Zur Theorie der Institution, Düsseldorf 1970, S. 91 ff.

Stein / Jonas (-Bearbeiter): Kommentar zur Zivilprozeßordnung, Erster Band (§§ 1 - 299), 19. Aufl., Tübingen 1972.

Stone, Julius: The province and function of law. Law as logic, justice, and social control, Second printing, Cambridge/Massachusetts 1950.

Stoyanovitch, K.: Le domaine du droit, Paris 1967.

Streck, Michael: Generalklausel und unbestimmter Begriff im Recht der allgemeinen Ehewirkungen, Bonn 1970.

Stückradt, Volker: Rechtswirkungen eheähnlicher Verhältnisse, Diss. Frankfurt/M. 1964.

Taubes, Jacob: Das Unbehagen an den Institutionen. Zur Kritik der soziologischen Institutionenlehre, in: Schelsky, Zur Theorie der Institution, Düsseldorf 1970, S. 67 ff.

Thomas von Aquin: Summa Theologica II - II (Recht und Gerechtigkeit), Band 18 der Deutschen Thomas Ausgabe, Heidelberg—München—Graz—Wien—Salzburg 1953.

Thomas, Hans-Friedrich: Formlose Ehe, Bielefeld 1973.

Thomasius, Christian: Fundamenta juris naturae et gentium, 4. Aufl., Halle 1718.

Tucholsky, Kurt: Zur soziologischen Psychologie der Löcher, in: Gesammelte Werke, herausgegeben von Mary Gerold-Tucholsky und Fritz Raddatz, Band III, Hamburg 1961.

Utz, Arth. Fridolin: Kommentierung der Summa Theologica II - II, in: Band 18 der Deutschen Thomas Ausgabe, Heidelberg—München—Graz—Wien—Salzburg 1953, S. 425 ff.

Vanwelkenhuyzen, André Théodore: Diskussionsbeitrag, in: Menschenrechte im Staatsrecht und im Völkerrecht. Vorträge und Diskussionen des Zweiten Internationalen Kolloquiums über die Europäische Konvention zum Schutze der Menschenrechte und Grundfreiheiten, Karlsruhe 1967, S. 64.

Verdroß, Alfred: Diskussionsbeitrag, in: Menschenrechte im Staatsrecht und im Völkerrecht. Vorträge und Diskussionen des Zweiten Internationalen Kolloquiums über die Europäische Konvention zum Schutze der Menschenrechte und Grundfreiheiten, Karlsruhe 1967, S. 67.

— Die Verfassung der Völkerrechtsgemeinschaft, Wien—Berlin 1926 (zit.: Völkerrechtsgemeinschaft).

Vierkandt, Alfred: Gesellschaftslehre, 2. Aufl., Stuttgart 1928.

Villey, Michel: Une définition du droit, in: APD (NS) No. 4 (1959), S. 47 ff.

Waldmann, P.: Der rechtsfreie Raum, in: ÖZföR 71, 113 ff.

v. Weber, Hellmuth: Die Pflichtenkollision im Strafrecht, in: Festschrift für Kiesselbach, Hamburg 1947, S. 233 ff.

Weber, Max: Gesammelte Aufsätze zur Wissenschaftslehre, hrsg. von Johannes Winkelmann, 3. Aufl., Tübingen 1968 (zit.: Wissenschaftslehre).

— Methodologische Schriften. Studienausgabe mit Einführung von Johannes Winkelmann, Frankfurt/M. 1968 (zit.: Methodologische Schriften).

— Rechtssoziologie, herausgegeben von Johannes Winkelmann, 2. Aufl., Neuwied—Berlin 1967 (zit.: Rechtssoziologie).

Weigelin, Ernst: Einführung in die Moral- und Rechtsphilosophie, Leipzig 1927 (zit.: Rechtsphilosophie).

— Die Lücken im Recht, in: JherJb. 88, 1 ff. (zit.: Lücken).

Weischedel, Wilhelm: Recht und Ethik, Karlsruhe 1956.

Welcker, Karl Th.: Die letzten Gründe von Recht, Staat und Strafe, Giessen 1813.

Welzel, Hans: An den Grenzen des Rechts. Die Frage nach der Rechtsgeltung, Köln und Opladen 1966 (zit.: Grenzen).

— Das deutsche Strafrecht, 11. Aufl., Berlin 1969 (zit.: Strafrecht).

— Naturrecht und materiale Gerechtigkeit, 4. Aufl., Göttingen 1962 (zit.: Naturrecht).

— Das Recht als Gemeinschaftsordnung, in: Festschrift für H. Henkel, Berlin—New York 1974, S. 11 ff. (zit.: Gemeinschaftsordnung).

— Urteilsanmerkung, in: MDR 49, 373 ff, (zit.: Anmerkung).

Wendt, Otto: Unterlassungen und Versäumnisse im bürgerlichen Recht, in: AcP 92, 1 ff.

Windscheid, Bernhard: Lehrbuch des Pandektenrechts, Band 1 und 2, 9. Aufl., Frankfurt/M. 1906.

Woesner, Horst: Erneuerung des Sexualstrafrechts, in: NJW 68, 673 ff.

Wolf, Ernst: Ehe, Zerrüttung und Verschulden, in: NJW 68, 1497 ff.

— Grundgesetz und Eherecht, in: JZ 73, 647 ff.

— Nochmals: Grundgesetz und Eherecht, in: JZ 74, 17 f.

— Kritik der institutionellen Rechtsauffassung, in: Schelsky, Zur Theorie der Institution, Düsseldorf 1970, S. 77 ff. (zit.: Kritik).

Wolf / Lüke / Hax: Scheidung und Scheidungsrecht, Tübingen 1959.

Wolff, Hans Julius: Organschaft und Juristische Person, 1. Band: Juristische Person und Staatsperson, Berlin 1933.

Zippelius, Reinhold: Das Wesen des Rechts, 1. Aufl., München 1965.

Zitelmann, Ernst: Lücken im Recht, Leipzig 1903.

Zuck: Political-Question-Doctrine, Judicial-self-restraint und das BVerfG, in: JZ 74, 361 ff.